Kreative Resteküche

Einfach – schnell – günstig

2., aktualisierte Auflage, Oktober 2012, 9. – 16.000

ISBN 978-3-86336-014-6
Printed in Germany

Inhalt

6 **Vorwort**

7 **Wegweiser durch das Buch**

9 **Rest(los) genießen: Grundsätze für Reste**

1

11 **Rund ums Kochen**

13 Restefreundlich kochen
13 Kleiner Aufwand – große Wirkung
14 Mut zur Kreativität
Tabellen: Was passt wozu? 16 |
Gemüse würzen und kombinieren 16 |
Fisch und Fleisch würzen 23 |
Beliebte Gerichte würzen 25 |
27 Besondere Anlässe
Saisonales Backen 27 |
Restefreie Feiern 28 |

30 **Resteverwertung von A bis Z**

2

32 **Gemüse und Kräuter**
43 **Obst**
51 **Kartoffeln**
54 **Nudeln**
56 **Brot und Gebäck**
61 **Reis und Getreide(-produkte)**
64 **Eier**
65 **Milchprodukte, Käse**
70 **Fleisch, Geflügel und Wild**
75 **Wurstwaren, Schinken, Speck**
78 **Fisch und Meeresfrüchte**
82 **Nüsse und Backzutaten, besondere Gewürze**
86 **Saucen und Würzmittel**
88 **Tiefgefrorenes, Fertigprodukte**

3

90 **Bunte Rezeptideen**

92 **Müslis, Snacks und belegte Brote**

100 **Salate und Vorspeisen**

108 **Saucen, Dips und Brotaufstriche**

122 **Suppen und Eintopfgerichte**

136 **Pfannengerichte**

148 **Ofengerichte**

163 **Mixgetränke**

168 **Desserts**

176 **Konfekt und Gebäck**

4

182 **Rund um Einkaufen und Vorratshaltung**

183 **Einkaufsplanung**

183 Am Anfang steht der Speiseplan
185 Einkaufen mit System

186 **Vorratshaltung**

186 Der Basisvorrat
190 Was gehört wohin? Die richtige Aufbewahrung
Der Keller 190 |
Die Vorratskammer und der Vorratsschrank 191 |
Der Kühlschrank 192 |
Das Tiefkühlgerät 198 |
Weitere Methoden der Haltbarmachung 206 |
Schädlinge und Schimmel 207 |
Wegwerfen 209 |

211 **Anhang**

212 Obst-Gemüse-Kalender

216 Resteregister

222 Rezeptregister

224 Rezeptregister, alphabetisch

228 Adressen

Vorwort

Kommen Ihnen diese Situationen auch bekannt vor? Die Tomaten sind nicht mehr ganz frisch, Sie finden eine Packung Haselnüsse, deren Haltbarkeitsdatum abgelaufen ist, oder Sie werfen Nudelreste vom Vortag in den Mülleimer, weil Sie weder Ideen noch ein Rezept für die Verwertung haben. Im Durchschnitt werden pro Jahr im privaten Haushalt rund 82 Kilogramm pro Person weggeworfen; über die Hälfte ist vermeidbar. Das Wegwerfen von – oft noch gar nicht verdorbenen – Nahrungsmitteln gehört leider bei uns zum Alltag.

Sie möchten das ändern? Dann kann dieses Buch Sie bei Ihrem Vorhaben bestmöglich unterstützen. Sein Kernstück ist eine große Resteverwertungstabelle, die Ihnen einen schnellen Zugriff auf unkomplizierte Ideen für das Kochen mit Übriggebliebenem und das rechtzeitige Aufbrauchen von Vorräten bietet. Dabei kommen auch der Spaß und die Kreativität nicht zu kurz, denn gerade Reste laden dazu ein, zwischendurch Neues auszuprobieren und in der Küche zu experimentieren. Auch dazu finden Sie zahlreiche Tipps und Rezepte. Und als wichtigen Nebeneffekt können Sie Zeit und Geld sparen, indem Sie Ihre Vorratshaltung und Ihre Einkäufe besser organisieren.

Das Wegwerfen von Lebensmitteln ist für viele Menschen mit einem unguten Gefühl verbunden. Und das zu Recht: Mit jedem weggeworfenen Lebensmittel ist auch ein Verbrauch von Energie, Wasser und anderen Rohstoffen verbunden. Vielleicht sollten wir wieder öfter auf dieses Bauchgefühl hören und unsere „Mittel zum Leben" wieder stärker wertschätzen. Vielen Menschen ist durchaus bewusst, dass der Überfluss an Lebensmitteln in den Industrieländern historisch betrachtet erst seit zwei bis drei Generationen besteht. Für die Angehörigen der älteren Generation sind gute Vorratshaltung und Verwertung von Resten oft noch eine Selbstverständlichkeit, denn sie sind damit groß geworden.

Sinnvoll wäre eine Rückbesinnung auf diese Einstellung auch deshalb, weil jede und jeder Einzelne durch Resteverwertung einen aktiven Beitrag für den verantwortungsvollen Umgang mit unseren Ressourcen und für den Umweltschutz leisten kann. Denn für die Herstellung von Lebensmitteln und ihren Transport in Containerschiff, Flugzeug oder Lastwagen werden Trinkwasser und fossile Brennstoffe verbraucht und auch für die Entsorgung der Abfälle ist Energie notwendig.

Wir hoffen, Ihnen mit diesem Buch einige Anregungen geben zu können, wie Sie vorteilhaft in Ihrem Alltag und mit Ihrer Familie rest(e)los genießen können!

Wegweiser durch das Buch

Das Buch bietet vier Ansätze, mit Resten umzugehen: Einen einführenden Teil rund ums Kochen mit Resten, eine große Resteverwertungstabelle mit Tipps für die schnelle Verwertung der am häufigsten anfallenden Reste, einen Rezeptteil und einen abschließenden Teil mit Informationen zu Einkauf und Vorratshaltung.

1 Einführend finden Sie **Basisinformationen zum restefreundlichen Kochen** und Tipps zum kreativen Kochen, die Sie zum Experimentieren mit Resten anregen sollen. Dabei sind auch „Sonderfälle" berücksichtigt wie selten verwendete Zutaten, beispielsweise für die Weihnachtsbäckerei (→ Seite 27), ein Überfluss an Obst und Gemüse aus reichlicher Ernte aus dem eigenen Garten (→ Seite 208) oder Reste nach Feiern (→ Seite 28).

2 Gleich im Anschluss können Sie in der großen **Resteverwertungstabelle** ab Seite 32 schmökern. Sie ist nach Lebensmittelgruppen (z. B. Gemüse, Obst oder Milchprodukte) gegliedert und innerhalb

der Gruppen alphabetisch geordnet. Hier finden Sie auf einen Blick zahlreiche Anregungen für Ihre kreative Resteküche: In der Spalte „Ruck-zuck-Verwertung" gibt es Tipps für eine möglichst unkomplizierte und schnelle Verwendung. Das kann ein ganz einfacher Vorschlag sein wie „Käse raspeln und unter ein Risotto rühren", oft auch eine Anregung zum Kochen, die auch nicht so erfahrene Köchinnen und Köche leicht umsetzen können. Im Zweifelsfall hilft hier der Blick in ein Grundkochbuch. In der Spalte „Bunte Rezeptideen" wird auf ein Rezept im Rezeptteil verwiesen, bei dem der entsprechende Rest zum Einsatz kommt. In den Zutatenlisten sind jeweils ein oder mehrere Zutaten in farbiger Schrift gesetzt. Dabei handelt es sich um die Reste , die in den Rezepten verwertet werden können.

3 Über **80 Rezepte** (⇢ Seite 90 ff.) bieten eine gute Auswahl, mit und aus Resten ein ganz neues Gericht zu zaubern. Viele Tipps und Variationen erleichtern Ihnen die Abwandlung der Rezepte durch andere Zutaten und die Kombination von Gerichten. Die Rezepte sind so ausgewählt, dass sie auch mit etwas veränderten Zutatenmengen gelingen, denn nicht immer wird Ihr Rest aufs Gramm genau diesen Zutaten entsprechen.

4 Im Umgang mit Rezepten können Sie auch ein Augenmerk auf Ihren **Einkauf und Ihre Vorratshaltung** legen. Sie haben z. B. das Gefühl, Ihren Haushalt nicht optimal organisiert zu haben? Oder Sie brauchen zu viel Zeit zum Einkaufen, werfen oft verdorbene Lebensmittel weg und wissen nicht genau, welche Lebensmittel Sie momentan im Vorratsraum oder Kühlschrank haben? Sie sind unsicher, welche Lebensmittel Sie einfrieren können? Dann finden Sie im Teil „Rund um Einkaufen und Vorratshaltung" (⇢ Seite 182) Tipps, wie Sie Zeit und Geld sparen und überflüssige Reste durch kluge Planung vermeiden.

Rest(los) genießen: Grundsätze für Reste

Wie entstehen Reste? Zunächst natürlich beim Kochen, wenn für ein Rezept nicht die gesamte Packung benötigt wird. Damit diese Reste nicht „vergessen" werden, ist ihr bester Platz im Kühl- und Vorratsschrank immer vorn. Lebensmittel, die anfällig für Schädlinge sind (→ Seite 207), beispielsweise Mehl oder Nüsse, sollten Sie in einem luftdicht verschlossenen Behälter aufbewahren.

Nach einer Mahlzeit bleiben häufig Reste, wenn nicht alles aufgegessen wurde. Größere Mengen werden zuerst abgekühlt. Wenn Sie sie innerhalb der nächsten 1–2 Tage aufbrauchen möchten, stellen Sie den Rest ggf. in einem luftdicht verschließbaren Vorratsbehälter gleich in den Kühlschrank, wenn nicht, frieren Sie ihn ein. Tipps dazu finden Sie auf Seite 199.

Fürs Aufwärmen gilt: So lange wie nötig, so kurz wie möglich. Es sollte auf jeden Fall eine Mindesttemperatur von 70 °C erreicht werden, damit eventuelle Keime abgetötet werden. Wenn das Essen heiß genug ist, sollten Sie es sofort von der Hitzequelle nehmen, damit nicht zu viele Nährstoffe verloren gehen. Außerdem leidet die Qualität durch langes Aufwärmen.

Beim Aufwärmen im Kochtopf können Sie bei trockeneren Gerichten etwas Flüssigkeit, eventuell gewürzt mit Gemüsebrühe, dazugeben, damit nichts anbrennt. Wählen Sie eine mittlere Garstufe und rühren Sie gelegentlich um. Gänzlich unproblematisch ist das Aufwärmen von Schmorgerichten wie Gulasch oder von Suppen auf dem Herd. Beilagen wie Reis, Nudeln oder Kartoffeln wärmen Sie direkt in der Sauce des Schmorgerichts mit auf.

? Schon gewusst? Das Aufwärmen von Spinat und Pilzen

Omas Küchenregel, dass Spinat und Pilze nicht aufgewärmt werden dürfen, gilt inzwischen als überholt. Beim Aufwärmen entstehen keine gesundheitsschädlichen Stoffe, wenn man sich an die allgemeinen Regeln (siehe oben) fürs Aufwärmen hält.

Gerichte wie Aufläufe und Pizzen, aber auch Nudelgerichte mit Sauce, können im Backofen bei 120–140 °C aufgewärmt werden. Gerichte mit sehr trockener Oberfläche können Sie ganz dünn mit Öl bepinseln.

Natürlich eignet sich auch die Mikrowelle zum Aufwärmen, dazu finden Sie in der Bedienungsanleitung Ihres Geräts Hinweise.

Ist der Rest für ein schlichtes Aufwärmen zu klein oder möchten Sie mehr Abwechslung? Dann finden Sie für die Verwertung viele Anregungen in der Resteverwertungstabelle (···› Seite 32) und im Rezeptteil (···› Seite 90).

Rund ums Kochen

Wissen und Erfahrung beflügeln die Fantasie beim Kochen – wer die Garzeiten und gängigen Zubereitungsarten von Lebensmitteln kennt und eine Vorstellung davon hat, welche Geschmacksrichtungen zusammenpassen könnten, kann auch unabhängig von Rezepten kochen oder diese gekonnt abwandeln. Und hat es somit leichter, Reste in bekannte Rezepte einzubauen oder sich um einen Rest herum ein neues Rezept auszudenken.

Dieses Buch kann und soll kein Grundkochbuch ersetzen, sondern bietet Ihnen einige Basisinformationen, mit deren Hilfe Sie fantasievoller mit Resten umgehen können:

- Der Blick auf die üblichen Portionsmengen (···› Tabelle, Seite 12) für Gerichte ermöglicht es Ihnen, einzuschätzen, wofür Ihr Rest geeignet ist, ob für einen Snack oder ein Hauptgericht und für wie viele Personen.
- Die Tipps zum restefreundlichen Kochen wollen dazu anregen, beim Kochen gleich die Resteverwertung (oder -vermeidung) mitzuplanen. Außerdem gibt es Vorschläge für Feiern, bei denen häufig viel übrig bleibt.
- Die Tabellen „Was passt wozu?“ (···› Seite 16 ff.) sollen Sie von Rezepten unabhängiger machen. Wenn Sie für Ihren Fleisch-,

Fisch-, Obst- oder Gemüserest in diesem Buch keine passende Anregung oder kein geeignetes Rezept finden, können Sie sich dort weitere Anregungen holen, womit Sie diesen kombinieren könnten.

Portionsmengen pro Person

Nahrungsmittel/Gericht	Menge
Suppe als Vorspeise	250 ml
Suppe als Hauptgericht/Eintopf	500 ml
Rohkost/Salat	70–125 g
Salatsauce	1 ½ Esslöffel
Sauce (zu Braten etc.)	100 ml
Sauce zu Nudeln	125 ml
Fleisch/Geflügel mit Knochen	150–180 g
Fleisch/Geflügel ohne Knochen	125 g
Ganzer Fisch, mit Kopf und Gräten	300 g
Fischfilet	150 g
Gemüse als Beilage, geputzt	150–200 g
Gemüse als Hauptgericht, geputzt	300–500 g
Kartoffeln als Beilage	200 g
Kartoffeln als Hauptgericht	300–400 g
Kartoffelpüree, fertig zubereitet	200 g
Nudeln als Beilage, z. B. Hörnchennudeln, Eierspätzle	50 g roh = 150 g gekocht
Nudeln als Hauptgericht, z. B. Spaghetti, Penne	100 g roh = 300 g gekocht
Nudeln als Suppeneinlage	15 g roh = 45 g gekocht
Reis als Beilage	50 g roh = 150 g gekocht
Reis als Hauptgericht	100 g roh = 300 g gekocht
Reis als Suppeneinlage	15 g roh = 45 g gekocht
Reis als Süßspeise	50–60 g roh
Obst als Dessert oder Zwischenmahlzeit, frisch	150–200 g
Obstkompott, Dosenobst	125–150 g
Joghurt mit Früchten als Dessert oder Zwischenmahlzeit	100–150 g
Quarkspeise als Dessert oder Zwischenmahlzeit	100–125 g
Pudding (Flammeri)	150 g

Restefreundlich kochen

Das bedeutet nichts anderes, als schon bei Einkauf, Lagerung und Kochen an das Vermeiden oder Verwerten möglicher Reste zu denken. Ein erster Schritt ist, die im Kapitel „Vorratshaltung" (⋯> Seite 186 ff.) genannten Prinzipien bei der Lagerung von Lebensmitteln zu berücksichtigen und bei der Essensplanung konsequent die vorhandenen Vorräte einzubeziehen. Ein gut sortierter Basisvorrat (⋯> Seite 186) schafft die Grundlage für vielfältige Möglichkeiten der Verwertung von Resten.

Wenn von gekochten Speisen regelmäßig viel übrig bleibt, sollten Sie Ihre Portionsmengen verändern. Überall gibt es Vorlieben: Der eine isst mehr Fleisch, die andere lässt regelmäßig das halbe Schnitzel auf dem Teller liegen. In manchen Familien reichen vielleicht drei Schnitzel für vier Personen, dafür müssen es aber anderthalb Packungen Nudeln sein, damit alle auf ihre Weise satt werden.

Kleiner Aufwand – große Wirkung

Geht es Ihnen auch so, dass bei Ihnen immer wieder die gleichen Lebensmittel im Mülleimer landen, andere hingegen fast nie? Wer z. B. wenig Fleisch isst und Fleisch gezielt ein- bis zweimal in der Woche einkauft, wird kaum in die Verlegenheit kommen, es wegwerfen zu müssen. Wer dagegen auf Vitaminzufuhr bedacht ist und das Gemüsefach immer randvoll packt, wird regelmäßig eine verschrumpelte Möhre oder schlappe Salatblätter darin finden. Jeder Haushalt könnte also eine „negative Hitliste" der zehn Lebensmittel aufstellen, die am häufigsten weggeworfen werden. Es müsste folgerichtig schon sehr viel gewonnen sein, wenn man zunächst versucht, mit den Dingen der persönlichen „Hitliste" anders umzugehen. Haben Sie eine Vorstellung, wie sich Ihr Reste-Aufkommen dadurch verringern würde? Wären es 20, 50 oder vielleicht sogar 70 Prozent?

Besser verwerten

Wandern die in der folgenden Liste aufgeführten Lebensmittel auch bei Ihnen oft in die Mülltonne? Dann sind Sie jetzt einfach spontan kreativ und überlegen sich, wie Sie diese stattdessen verwerten können. Oder Sie lassen sich von unseren Vorschlägen anregen.

Lebensmittel/Gericht	Ideen zur Verwertung
Trockenes Brot/Brötchen	....
Bananen	....
Kiwis	....
Käse	....
Reste von Milchprodukten in geöffneter Verpackung	....
Kleine Mengen gekochte Nudeln/Reis/Kartoffeln	....
Pastasauce	....
Kleine Mengen Fleischgerichte mit Sauce	....
Saisonale Backzutaten wie gemahlene Mandeln, Kokosflocken, Nüsse, Gewürze (z. B. Lebkuchengewürz, Kardamom)	....
Reste von Salat, Gemüse ...	....
....	....
....	....

Mut zur Kreativität

Leichter tut man sich natürlich mit der Resteverwertung, wenn man Erfahrung im Kochen hat und nicht darauf angewiesen ist, streng nach Rezept zu kochen. Praktisch ist auch, Grundrezepte in ein persönliches Kochbuch aufzunehmen. Im Prinzip reicht z. B. für eine Pizza ein gutes Grundrezept für Teig und Tomatensauce, Anregungen für den Belag holen Sie sich dann bei Bedarf aus neuen Rezepten oder denken sich selbst etwas aus. Genau betrachtet sind zehn verschiedene Pizzarezepte in der Regel auch ein nicht genutzter Vorrat.

Wer Lust hat, kreativer zu kochen, sollte zunächst versuchen, bekannte Rezepte leicht zu verändern: Warum die Hackfleischfüllung für die Teigtaschen anstatt mit Paprikapulver nicht mal mit Kreuzkümmel und Knoblauch für einen leicht orientalischen Touch würzen? Und beim nächsten Versuch könnten Sie noch einige Schafskäsewürfel hinzufügen ...

Oft können auch Zutaten ausgetauscht werden, wodurch ein vorhandener Rest zum Einsatz kommt: Manche Fleischarten, z. B. Kalb, Schwein und Geflügel, lassen sich oft gegeneinander austauschen. Gemüse lässt sich gut durch anderes ersetzen, wenn dies eine ähnliche Garzeit hat, also z. B. Möhren durch Kohlrabi oder Auberginen durch Zucchini. Oder warum für eine Sauce nicht einmal Obst statt Gemüse verwenden? Oder sie mit Kokosmilch statt mit Sahne zubereiten? Je mehr Erfahrung Sie sammeln, desto leichter wird es Ihnen fallen einzuschätzen, ob die Geschmacksrichtungen zusammenpassen.

Bei Kochexperimenten ist angeraten, zunächst nur sparsam zu würzen – nachwürzen geht immer noch, korrigieren ist oft nicht mehr möglich. Entscheiden Sie, in welche Richtung der Geschmack des Gerichtes gehen soll, z. B. scharf, mild, mediterran, orientalisch ... Zu viele Kräuter oder Gewürze unterschiedlicher Geschmacksrichtungen ergeben im schlimmsten Fall eine penetrante, aber undefinierbare Mischung.

Die Tabellen „Was passt wozu?“ sollen Ihnen erste Anregungen fürs Ausprobieren geben. Sie finden dort Informationen, welche Kräuter und Gewürze mit den wichtigsten Hauptzutaten (Gemüse, Fleisch und Fisch) sowie Gerichtarten (z. B. Ragout, Pizza oder Eintopf) kombiniert werden können.

Beim Gemüse sind die Kombinationsmöglichkeiten und Zubereitungsarten besonders vielfältig: Auberginen kann man beispielsweise solo oder mit anderen Gemüsearten als Beilage servieren oder mit Lammhackfleisch oder Getreideschrot füllen und als Hauptgericht im Backofen zubereiten. Daher bietet die Gemüse-Tabelle noch eine zusätzliche Spalte zum Kombinieren – als erste Anregung zum kreativen Kochen, denn natürlich musste aus der Fülle eine Auswahl getroffen werden.

Was passt wozu?

Gemüse würzen und kombinieren

Die Hauptzutat	Passende Kräuter	Passende Gewürze/Aromen	Kombinieren
Artischocken	Basilikum Estragon Kerbel Petersilie Thymian	Orange Zitrone	• Mit kalten Saucen als Vorspeise • Als Beilage mit Speck und Zwiebeln oder Tomaten gedünstet
Auberginen	Basilikum Oregano Rosmarin Thymian	Curry Knoblauch Paprikapulver Zitrone	• Als Gemüsebeilage kombiniert z. B. mit Oliven, Paprika, Tomaten, Zucchini oder Zwiebeln • Als Beilage zu Lamm- oder Rindfleisch • Als Hauptgericht gefüllt mit Hackfleisch oder einer vegetarischen Füllung
Avocados	Dill Kerbel Minze Oregano Petersilie	Cayennepfeffer Chilipulver Koriander Zitrone	• Als Salat z. B. mit Obst, Spargel, Pilzen, Rucola, Radicchio, Nüssen, Garnelen oder Geflügel • Als Vorspeise gefüllt mit Krabben- oder Gemüsesalat • Püriert als Dip zu Fladenbrot oder Taco-Chips
Blumenkohl	Kerbel Koriandergrün Petersilie	Curry Ingwer Kreuzkümmel Kurkuma Muskat	• Als Rohkostsalat mit Vinaigrette • Als Gemüsebeilage kombiniert z. B. mit Möhren, Erbsen oder Brokkoli • Als Curry mit indischen Gewürzen und Joghurtsauce • Als Auflauf mit Käse überbacken, evtl. zusammen mit Hackfleisch oder Schinken
Brokkoli	Petersilie Koriandergrün	Curry Knoblauch Kreuzkümmel Muskat Zitrone	• Als Salat mit Tomaten, Kapern, Sardellen • Als Gemüsebeilage kombiniert z. B. mit Blumenkohl, Kohlrabi, Möhren, Sardellen oder Nüssen • Püriert als Cremesuppe • Als Beilage zu Kartoffelgerichten und hellem Fleisch • Als Bestandteil einer Quiche

Die Hauptzutat	Passende Kräuter	Passende Gewürze/Aromen	Kombinieren
Chicorée	Petersilie	Curry Ingwer Kardamom Orange	• Als Salat mit Nüssen und/oder Früchten • Als Gemüsebeilage z. B. kombiniert mit Champignons, Tomaten oder Paprikaschoten • Als Beilage zu Geflügel oder Fisch • Als Auflauf mit Käse oder Béchamelsauce überbacken
Chinakohl	Koriandergrün Petersilie Thymian	Cayennepfeffer Chilipulver Curry Ingwer Orange	• Als Salat z. B. mit Äpfeln, Orangen, Weintrauben oder Nüssen • Als Gemüsebeilage kombiniert z. B. mit Möhren, Pilzen • Mit asiatischen Gewürzen als Wokgericht • Als Beilage zu Fisch, Fleisch oder Geflügel • Als Auflauf mit Käse oder Béchamelsauce überbacken
Erbsen	Basilikum Estragon Kerbel Kresse Minze Petersilie	Koriander Zitrone	• Als Salat mit Möhren, Eiern und Sellerie • Als Gemüsebeilage kombiniert z. B. mit Möhren, Champignons, Kohlrabi oder Spargel • Als Beilage zu Fisch, hellem Geflügel, Fleisch
Fenchel	Thymian	Knoblauch Muskat Safran Zitrone	• Als Rohkost pur mit einer Vinaigrette oder kombiniert mit Früchten und Nüssen oder Oliven und Käse • Als Gemüsebeilage kombiniert z. B. mit Paprika, Oliven und Tomaten • Als Beilage zu Fisch, kurz gebratenem Fleisch oder Geflügel • Als Hauptgericht in Scheiben geschnitten und paniert • Als Gratin im Ofen mit Parmesan oder einer Käsesauce und Schinken

Die Hauptzutat	Passende Kräuter	Passende Gewürze/Aromen	Kombinieren
Grüne Bohnen	Bohnenkraut Estragon Oregano Petersilie Thymian	Cayennepfeffer Chilipulver Curry Knoblauch Kreuzkümmel Safran Zitrone	• Gekocht als Salat mit Zwiebeln und Vinaigrette • Als Gemüsebeilage kombiniert z. B. mit Tomaten, Zwiebeln, Speck oder Auberginen • Als Beilage zu Matjes, Lamm-, Rind- oder Schweinefleisch • Als Eintopf (Minestrone)
Grünkohl	Basilikum Koriandergrün	Curry Muskat Piment Kümmel	• Als Suppe oder Eintopf • Als Beilage zu Kasseler, Speck, Würsten, Gans oder Ente • Als Curry mit Kokosmilch • Als Auflauf mit Kartoffeln und Käsesauce
Gurken	Dill Kerbel Petersilie Schnittlauch	Knoblauch	• Als Salat mit einer Kräuter-Joghurt-Sauce • Als kalte Sommersuppe • Als Gemüsebeilage kombiniert z. B. mit Tomaten, Paprikaschoten oder Pilzen • Als Hauptgericht mit einer Hackfleisch- oder einer vegetarischen Füllung im Ofen überbacken
Kohlrabi	Dill Estragon Kerbel Petersilie	Muskat Zitrone	• Als Gemüsebeilage kombiniert z. B. mit Möhren, Erbsen, Brokkoli oder Spargel • Als Beilage (z. B. als Ragout in einer hellen Sauce) zu Eiern, Geflügel, Fisch und hellem Fleisch • Als Hauptgericht mit einer Hackfleisch- oder einer vegetarischen Füllung im Ofen überbacken
Kürbis	Borretsch Dill Koriandergrün Thymian	Cayennepfeffer Chilipulver Ingwer Curry Kreuzkümmel Zimt Orange	• Als pikant gewürzte Suppe, z. B. zusammen mit Kartoffeln und Möhren • Als Beilage zu hellem Fleisch und Geflügel • Als Eintopf zusammen mit anderen Gemüsearten • Im Risotto • Als Chutney oder süßsauer eingelegt

Die Hauptzutat	Passende Kräuter	Passende Gewürze/Aromen	Kombinieren
Lauch	Kerbel Petersilie Thymian	Curry Muskat Paprikapulver	• Als Rohkostsalat mit Früchten oder Rosinen • Als Gemüsebeilage kombiniert z. B. mit Möhren, Sellerie, Tomaten oder Champignons • Als Beilage zu hellem Geflügel-, zu Kalb- oder Schweinefleisch • Als Gemüseeintopf mit Kartoffeln
Linsen	Majoran Minze Thymian Rosmarin Salbei	Cayennepfeffer Chilipulver Curry Ingwer Koriander Knoblauch Kreuzkümmel Lorbeer Balsamico-Essig Senf	• Als Salat mit Äpfeln, Radieschen und Sprossen • Als Püree oder Brotaufstrich • Als Gemüsebeilage kombiniert z. B. mit Möhren und Staudensellerie oder Tomaten, Auberginen und Paprika • Als Beilage zu Gans oder Fisch • Als vegetarischer Eintopf oder Eintopf mit geräucherten Würsten oder Brühwürsten
Mais	Kerbel Petersilie Schnittlauch	Cayennepfeffer Chilipulver Kreuzkümmel Paprikapulver	• Maiskörner: als Salat mit Tomaten, Paprika, Frühlingszwiebeln • Als Eintopf, kombiniert mit Gemüse und Fleisch • Als Cremesuppe oder als Törtchen • Ganze Kolben: als Gemüsebeilage kochen oder grillen
Mangold		Curry Ingwer Knoblauch Kreuzkümmel Muskat	• Als Gemüsebeilage kombiniert z. B. mit Champignons oder Tomaten • Als Beilage zu Kartoffelgerichten, Eiergerichten, gegrilltem oder gebratenem Lamm, Fisch, Schafskäse
Möhren	Basilikum Estragon Kerbel Koriandergrün Minze Petersilie	Curry Ingwer Kreuzkümmel Muskat Paprikapulver Zimt Zitrone	• Als Salat geraspelt mit Äpfeln, Roter Bete oder Kohlrabi sowie Nüssen • Als Gemüsebeilage kombiniert z. B. mit Erbsen, Kohlrabi, Spargel, Champignons oder Sellerie • Als Eintopf mit Kartoffeln • Als Beilage zu hellem Fleisch, Fisch, Geflügel

Die Hauptzutat	Passende Kräuter	Passende Gewürze/Aromen	Kombinieren
Paprika	Oregano Rosmarin Thymian	Cayennepfeffer Chilipulver Knoblauch Koriander Paprikapulver	• Als Salat mit Ziegen- oder Schafskäse und Oliven • Als Gemüsebeilage kombiniert z. B. mit Auberginen, Oliven, Tomaten, Zucchini oder Zwiebeln • Als Beilage zu Lamm-, Rindfleisch, Geflügel oder pikanter Wurst • Als Hauptgericht gefüllt mit Hackfleisch oder einer vegetarischen Füllung
Pilze	Estragon Kerbel Liebstöckel Majoran Oregano Petersilie Thymian	Knoblauch	• Als Salat (Champignons, Austernpilze) mit Kräuter-Vinaigrette • Als Bestandteil von Saucen oder Omeletts • Als Beilage zu Fleisch, Wild oder Fisch • Als Hauptgericht in Sahnesauce zubereitet, dazu Knödel oder Nudeln
Rosenkohl	Petersilie Thymian	Muskat	• Als Gemüsebeilage kombiniert mit Maronen • Als Beilage zu gebratenem Fleisch oder Wild • Als Eintopf mit Kartoffeln, Hackklößchen • Als Auflauf mit gekochtem Schinken und Käsesauce überbacken
Rote Bete	Dill Kerbel Petersilie Schnittlauch Thymian	Ingwer Koriander gemahlener Kümmel Nelken Zitronensaft	• Als Rohkostsalat mit Äpfeln oder Orangen sowie Nüssen • Als Beilage zu Fleisch oder Fisch • Als Eintopf zusammen mit Kartoffeln • Im Ofen gebacken, dazu ein Dip
Rotkohl	Lorbeer	Beerengelee oder -konfitüre Essig gemahlener Kümmel Nelken Preiselbeeren Wacholder Zimt Zitrone	• Als Rohkostsalat mit Orangen und Nüssen • Als Beilage zu Wild, Ente oder Gans

Die Hauptzutat	Passende Kräuter	Passende Gewürze/Aromen	Kombinieren
Sauerkraut	Lorbeer Petersilie	Champagner Koriander Kümmel Wacholder Weißwein	• Als Salat mit Nüssen und/oder Früchten • Als Beilage (mit Ananas oder Äpfeln) zu Eisbein, Schweinebraten, Gulasch, Geflügel, Wildgefügel oder Fisch
Schwarzwurzeln	Kerbel Petersilie	Muskat Paprikapulver Zitrone	• Als Gemüsebeilage kombiniert mit Möhren oder Erbsen • Als Beilage zu Schweine- oder Rindfleisch oder Fisch • Als Eintopf zusammen mit anderen Gemüsearten und evtl. Fleisch
Sellerie, Knolle	Petersilie	Cayennepfeffer Chilipulver Muskat Zitrone	• Als Rohkostsalat mit Möhren und Äpfeln/Ananas/Orangen sowie Nüssen • Püriert als Cremesuppe oder Beilage • Gekocht und paniert als vegetarisches Schnitzel
Sellerie, Staude	Petersilie Thymian	Knoblauch	• Als Rohkost mit einem Käsedip • Als Gemüsebeilage kombiniert mit Tomaten, Paprika, Erbsen, Möhren oder Champignons
Spargel	Basilikum Kerbel Petersilie	Orange Zitrone	• Als Salat mit einer Vinaigrette • Als Gemüsebeilage kombiniert mit jungen Möhren, Zuckerschoten, Brokkoli oder Kohlrabi • Als Hauptgericht mit zerlassener Butter, Sauce hollandaise zu neuen Kartoffeln, Schinken, gebratenem Fleisch, Fisch, Krustentieren, Rührei
Spinat	Borretsch	Knoblauch Muskat Zitrone	• Als Salat mit Tomaten, Champignons und Pinienkernen • Als Beilage zu Eiergerichten, gegrilltem oder gebratenem Fleisch, Fisch • Als Füllung für Quiches, z. B. zusammen mit Schafskäse

Die Hauptzutat	Passende Kräuter	Passende Gewürze/Aromen	Kombinieren
Tomaten	Basilikum Kerbel Oregano Rosmarin Salbei Schnittlauch Thymian	Cayennepfeffer Chilipulver Knoblauch	• Als Salat mit Mozzarella oder Zwiebeln, Oliven und Schafskäse • Als Gemüsebeilage kombiniert z. B. mit Auberginen, Oliven, Paprika, Champignons, Zucchini • Als Beilage zu Lammfleisch oder Grillgerichten • Als Hauptgericht mit einer Hackfleisch- oder einer vegetarischen Füllung im Ofen überbacken
Weiße Bohnen	Bohnenkraut Kerbel Majoran Rosmarin Salbei	Knoblauch Kümmel Zitronensaft	• Als Salat mit Tomaten, Zwiebeln und Speckwürfeln • Als Beilage zu Ente • Als Eintopf mit Gemüse und evtl. Fleisch oder Wurst
Weißkohl	Lorbeer Petersilie	Curry Koriander Kümmel Paprikapulver Wacholder	• Als Rohkostsalat mit Äpfeln oder Orangen sowie Nüssen • Als Beilage zu Fleisch • Als Eintopf mit Kartoffeln, Fleisch oder Würsten
Wirsing	Petersilie Schnittlauch Thymian	Curry Kümmel Muskat Nelken Orange Paprikapulver Speck	• Als Beilage, evtl. mit Speckwürfeln, zu Kartoffelgerichten, Geflügel, Fleisch • Als Gemüseeintopf oder Auflauf mit Kartoffeln und evtl. Würsten
Zucchini	Basilikum Oregano Rosmarin Thymian	Knoblauch	• Als Gemüsebeilage kombiniert mit Auberginen, Oliven, Paprika, Tomaten oder Champignons • Als Beilage zu Lammfleisch oder Grillgerichten • Als Hauptgericht mit einer Hackfleisch- oder einer vegetarischen Füllung im Ofen überbacken

Fisch und Fleisch würzen

Die Hauptzutat	Passende Kräuter	Passende Gewürze/Aromen
Fisch	Basilikum Bohnenkraut Dill Estragon Kerbel Lorbeer Petersilie Pimpinelle Rosmarin Salbei Schnittlauch Thymian Zitronenmelisse	Kapern Koriander Paprikapulver Safran Senf Zitrone
Ente	Beifuß Majoran Petersilie Rosmarin Salbei Thymian	Curry Ingwer Koriander Orange Paprikapulver Piment Wacholder
Gans	Beifuß Petersilie Majoran Salbei	Orange
Huhn und Pute	Bohnenkraut Estragon Koriandergrün Minze Portulak Rosmarin Salbei Thymian	Curry Ingwer Kapern Kurkuma Paprikapulver Safran Vanille
Garnelen	Basilikum Kerbel Petersilie Thymian	Cayennepfeffer Chilipulver Curry Ingwer Knoblauch
Hackfleisch	Basilikum Liebstöckel Majoran Minze Petersilie Salbei	Cayennepfeffer Chilipulver gemahlener Kümmel Muskat Paprikapulver Senf

Die Hauptzutat	Passende Kräuter	Passende Gewürze/Aromen
Hammelfleisch	Bohnenkraut Majoran Rosmarin Salbei Thymian	Knoblauch Kreuzkümmel Kümmel Safran
Kalbfleisch	Basilikum Bohnenkraut Estragon Kerbel Petersilie Rosmarin Salbei	Kapern Vanille Zitrone
Lammfleisch	Bohnenkraut Minze Rosmarin Salbei Thymian	Curry Ingwer Knoblauch Koriander Kreuzkümmel Kurkuma
Lachs	Dill Petersilie	Meerrettich Zitrone
Leber	Majoran Petersilie Salbei Thymian	Balsamico-Essig Curry Knoblauch Senf
Muscheln	Basilikum Kerbel Petersilie Thymian	Cayennepfeffer Chilipulver Knoblauch Safran
Rindfleisch	Bohnenkraut Estragon Lorbeer Majoran Oregano Petersilie Thymian	Cayennepfeffer Chilipulver Ingwer Lorbeer Meerrettich Paprikapulver Piment Senf Zimt
Schweinefleisch	Beifuß Bohnenkraut Koriandergrün Majoran Rosmarin Salbei	Cayennepfeffer Chilipulver Currypulver Kümmel Nelken

Die Hauptzutat	Passende Kräuter	Passende Gewürze/Aromen
Tintenfisch	Petersilie	Cayennepfeffer Chilipulver Knoblauch Zitrone
Wild	Lorbeer Rosmarin Salbei Thymian	Beeren Nelken Orange Piment Wacholder Zimt

Beliebte Gerichte würzen

Das Gericht	Passende Kräuter	Passende Gewürze/Aromen
Currygerichte	Koriandergrün Zitronengras	Currypulver Ingwer Kardamom Knoblauch Kokos Koriander Kurkuma
Eiergerichte	Estragon Kerbel Kresse Schnittlauch	Kapern Kurkuma
Eintopf/Gemüse	Bohnenkraut Liebstöckel Majoran Oregano Thymian	Cayennepfeffer Chilipulver Currypulver Knoblauch Kümmel
Grillgerichte	Thymian Rosmarin Zitronenmelisse	Cayennepfeffer Chilipulver Knoblauch Paprikapulver Zitrone
Gulasch		Ingwer Paprikapulver
Gemüsegerichte (mit unterschiedlichen Gemüsearten)	Basilikum Petersilie Schnittlauch	Curry Knoblauch Paprikapulver

Die Hauptzutat	Passende Kräuter	Passende Gewürze/Aromen
Kartoffelgerichte	Petersilie Majoran	Curry Muskat
Kräutersauce	Basilikum Borretsch Dill Petersilie Pimpinelle Schnittlauch	Zitrone
Obstkompott	Minze	Ingwer Nelken Vanille Zimt Zitrone
Pizza	Oregano	Knoblauch
Sauce, hell	Dill Estragon Kerbel Petersilie Pimpinelle Portulak Zitronenmelisse	Currypulver Kapern Muskat
Sauce, dunkel	Petersilie Thymian	Balsamico-Essig Lorbeer Muskat Paprikapulver Senf Wacholder
Sauce, scharf		Cayennepfeffer Chilipulver Currypulver Paprikapulver
Tomatensauce	Basilikum Oregano Thymian	Cayennepfeffer Chilipulver Knoblauch
Ragout	Rosmarin	Lorbeer Piment
Reisgerichte		Currypulver Ingwer Kardamom Kokos Paprikapulver Safran

Die Hauptzutat	Passende Kräuter	Passende Gewürze/Aromen
Salat (Rohkost und Blattsalate)	Borretsch Dill Estragon Kerbel Petersilie Pimpinelle Portulak Schnittlauch Zitronenmelisse	Knoblauch

Besondere Anlässe

Saisonales Backen

Besonders gern wird in der Adventszeit gebacken – der Geruch der frischen Plätzchen ist unwiderstehlich und gehört für viele zur Vorfreude aufs Fest dazu. Doch nach den Feiertagen fristen viele der Zutaten ein langes und einsames Dasein. Für gemahlene Mandeln, Kokosraspel oder Nüsse, aber auch Zimt, Kardamom oder Lebkuchengewürz hat man dann keine Verwendung mehr und vergisst sie im schlimmsten Fall bis zum nächsten Winter – die Nüsse sind dann ranzig und die Gewürze haben an Aroma eingebüßt. Damit das nicht passiert, finden Sie in der Resteverwertungstabelle Vorschläge für den weiteren Einsatz. Sie werden sehen: Man kann viel daraus machen, das garantiert nicht nach Weihnachten schmeckt. Auch überzählige Schokoladenweihnachtsmänner (→ Seite 89), Lebkuchen und Christstollen können in abgewandelter Form für neuen Genuss sorgen (→ Seite 57 f.)!

Restefreie Feiern

Bei Einladungen möchte niemand die Mengen zu knapp bemessen und die Gäste mit hungrigen Augen fragen hören: „Ist eigentlich noch Baguette da?“. Meist bleibt daher nach Feiern sehr viel übrig. Mit den folgenden Tipps sollte es gelingen, dass Sie trotzdem möglichst wenig wegwerfen müssen:

- Denken Sie schon einige Wochen vor einer großen Fete daran, genügend Platz für übrig Bleibendes im Tiefkühlgerät zu schaffen – eine gute Gelegenheit, einige der gelagerten Schätze aufzubrauchen.
- Sorgen Sie für genügend Verpackungsmaterial zum Verpacken und Einfrieren – so können auch Ihre Gäste etwas für den nächsten Tag mit nach Hause nehmen.
- Achten Sie bei der Planung Ihres Büfetts darauf, dass der Anteil an Gerichten, die sich nicht lagern und auch nicht einfrieren lassen, nicht zu groß ist. Ungünstig sind beispielsweise Salate mit frischer Mayonnaise, Blattsalate mit Vinaigrette, Saucen und Desserts mit frischem Eigelb (z. B. Aioli, Tiramisu, Mousse), Gerichte mit rohem Fleisch oder Fisch (Carpaccio, Sushi) und Soufflés.
- Servieren Sie Blatt- und Rohkostsalate und die Salatsauce(n) in separaten Schüsseln. Ihre Gäste können dann den Salat mit der gewünschten Sauce kombinieren und die Reste bleiben noch 1–2 Tage frisch.
- Suppen, Eintöpfe, Braten, Schmorgerichte, Pizza oder Quiche lassen sich dagegen meist problemlos einfrieren.
- Das Gleiche gilt für die Schlacht am Tortenbüfett: Nicht einfrieren kann man die meisten Beerenkuchen, Baisers und Makronen sowie Käsekuchen – davon also nicht zu viel anbieten und Reste den Gästen mitgeben. Gut geeignet für die Tiefkühltruhe sind dagegen Rührkuchen, gedeckte Obstkuchen, Biskuit-, Hefe- und Blätterteiggebäck (ohne Glasur), Sahne- und Cremetorten. Wer an die Figur denkt, kann üppige Torten in Würfel schneiden und portionsweise einfrieren, so kann man sie später als kleines Dessert genießen.

- Zum Aperitif können Sie anstelle belegter Canapés auch geröstetes Brot und beispielsweise eine Oliven- und eine Sardellencreme reichen, die auch noch am nächsten Tag gut schmecken.
- Schneiden Sie nicht das gesamte Brot auf. Legen Sie beispielsweise ein ganzes Baguette auf einem Schneidbrett auf das Büfett. So trocknet das Brot nicht so schnell aus und lässt sich später in guter Qualität einfrieren. Brötchen eignen sich sowieso gut zum Einfrieren.

Auf einen Blick: Die Top-Tipps zum restefreundlichen Kochen

- Erweitern Sie Ihre Fähigkeiten beim Kochen: Sammeln Sie Erfahrung im Zubereiten von Grundrezepten, legen Sie Ihr ganz persönliches Kochbuch an.
- Experimentieren Sie beim Kochen durch das Austauschen von Zutaten und das Abwandeln von Rezepten.
- Planen Sie je nach Ihrer Erfahrung 1–2 Tage pro Woche für das kreative Kochen und Aufbrauchen ein.
- Bleibt regelmäßig zu viel übrig, reduzieren Sie die Mengen beim Kochen.
- Setzen Sie sich ein überschaubares Ziel, indem Sie sich z. B. vornehmen, in den nächsten Wochen kein trockenes Brot mehr wegzuwerfen. Hängen Sie sich die passenden Tipps dazu als Liste in der Küche auf.
- Berücksichtigen Sie bereits bei der Planung von Feiern und Einladungen, wie anfallende Reste verwertet werden können.

Resteverwertung von A bis Z

Hier finden Sie auf einen Blick die passende Verwendungsidee für anfallende Reste. Die Tabellen sind nach Lebensmittelgruppen gegliedert und innerhalb der Gruppen alphabetisch. In der ersten Spalte finden Sie den Rest, um den es gerade geht, gleich daneben einen Vorschlag für eine rasche Verwertung, für die Sie nicht extra im Kochbuch nachschlagen müssen. Oft ist dies bereits ein kleines Rezept. In der dritten Spalte machen wir Ihnen für häufig anfallende Reste einen Rezeptvorschlag. Damit Sie sofort entscheiden können, ob er zu Ihrem Rest passt, stehen unter dem Rezept die Menge des Restes und die Portionenzahl. Die bunten Rezeptideen finden Sie allesamt im Anschluss an die Resteverwertung von A bis Z ab Seite 90. Da ein Rest nie aufs Gramm genau mit der Angabe in einem Rezept übereinstimmen wird, sind die Rezepte so ausgewählt, dass sie auch mit etwas abweichenden Mengen gelingen.

Das ist der gute Rest	Ruck-zuck-Verwertung	Bunte Rezeptideen	Rezept Seite
Gemüse und Kräuter			
Artischocken, Konserve	• Pastasauce: In Olivenöl mit etwas durchgepresstem Knoblauch erwärmen, mit reichlich Blattpetersilie mischen und mit reichlich Salz und Pfeffer würzen		
Aubergine 	• Längs in dünne Scheiben schneiden, mit Olivenöl bepinseln und im Backofen bei 200 °C etwa 30 Minuten backen, mit Salz und Kräutern würzen, dazu Schafskäsecreme servieren	• Paprikasauce *1 kleine Aubergine für 1 Portion zu Pasta oder 2 Portionen als Dip* • Ajvar *½ Aubergine für 2 Portionen*	114 115
Auberginenscheiben, gegart	• Mit Tomatensauce bestreichen und mit geriebenem Parmesan und Semmelbröseln bestreuen, etwas Olivenöl darauf träufeln und unter dem Backofengrill bei 200 °C etwa 5 Minuten gratinieren • Mit Fladenbrot und Zaziki servieren		
Austernpilze	• → „Champignons“		
Bärlauch	• → „Basilikum“ • Anstelle von Knoblauch verwenden, z. B. für Salat oder Zaziki • In zerlassener Butter klein geschnitten zu Spargel servieren • Klein schneiden und auf ein Butter- oder Käsebrot legen	• Grundrezept Pesto *½ Bund Kräuter für 2 Portionen*	116

Das ist der gute Rest	Ruck-zuck-Verwertung	Bunte Rezeptideen	Rezept Seite
Gemüse und Kräuter			
Basilikum	• Hacken, in Eiswürfelbehälter geben, Wasser dazugießen und einfrieren. Zum Würzen von Saucen und Suppen verwenden • Kräuterbutter: Fein hacken und zusammen mit Zitronensaft, Salz und Pfeffer unter weiche Butter rühren • Fein hacken und Bällchen aus Frischkäse oder Ziegenfrischkäse darin wälzen • Fein hacken und unter körnigen Frischkäse rühren, mit Salz abschmecken	• Grundrezept Pesto *½ Bund Kräuter für 2 Portionen* 	116
Blattsalat	• Brötchen oder Sandwiches mit Salatblättern belegen • In Streifen schneiden und unter Kartoffel- oder Nudelsalat mischen	• Blattsalat mit Mais und Putenbrust *200 g für 2 Portionen*	103
Blumenkohl	• Raspeln und für einen Rohkostsalat verwenden, z. B. zusammen mit Möhren	• Kartoffel-Gemüse-Suppe *150 g für 2 Portionen*	130
Blumenkohl, gegart	• Beilage: Pürieren und unter heißes Kartoffelpüree mischen, mit Muskat abschmecken • Mit Schinkenwürfeln und Béchamelsauce mischen und im Backofen bei 200 °C gratinieren	• Kartoffel-Gemüse-Salat *200 g für 2 Portionen als Beilage* • Kartoffel-Gemüse-Suppe *150 g für 2 Portionen*	102 130
Bohnen, grüne, gegart	• Salat: Mit blanchierten Möhren, Kasseler und Kräutervinaigrette kombinieren	• Kleine Gemüsesülze *200 g für 2 Portionen als Vorspeise* • Bunte Tortilla *100 g für 1 Portion*	107 145
Bohnen, weiße, getrocknet		• Minestrone *50 g für 2 Portionen*	128
Bohnen, weiße, gegart	• Salat: Mit Zwiebelringen, roter Paprika, Kirschtomaten und Knoblauchvinaigrette kombinieren • Brotaufstrich: Pürieren, mit Salz und Kräutern abschmecken • Suppe: Bohnen pürieren, in Brühe aufkochen, mit etwas Sahne verfeinern und mit gerösteten Brotwürfeln und frischem Thymian bestreut servieren		
Bohnen, weiße, Konserve	• Brotaufstrich: Pürieren, mit durchgepresstem Knoblauch, Olivenöl und gehackten Mittelmeerkräutern mischen	• Minestrone *50 g für 2 Portionen*	128

Das ist der gute Rest	Ruck-zuck-Verwertung	Bunte Rezeptideen	Rezept Seite
Gemüse und Kräuter			
Bohneneintopf	• Pürieren, mit etwas Crème fraîche verfeinern, als Beilage zu kurz gebratenem Fleisch reichen		
Brokkoli, gegart 	• Salat: Mit roter Paprika, Goudawürfeln und Kräutervinaigrette kombinieren • Pastasauce: Pürieren, mit Sahne aufkochen, mit Muskat und Zitronensaft abschmecken, geröstete Mandeln oder Walnusskerne über das Gericht streuen	• Kartoffel-Gemüse-Suppe *150 g für 2 Portionen* • Pasta mit Räucherlachs *150 g für 2 Portionen*	130 141
Champignons	• Salat: Blättrig schneiden und mit frischem Blattspinat und Knoblauchvinaigrette kombinieren • Omelett: Champignonscheiben mit Schalottenwürfeln andünsten, Eiermasse zufügen und braten • Toast: Mit Schalottenwürfeln andünsten, pfeffern, auf gebutterte Toastbrotscheiben legen und mit Käse im Backofen bei 200 °C etwa 5 Minuten überbacken	• Pilztoast *200 g für 2 Portionen* • Marinierte Champignons *150 g für 1 Portion als Vorspeise*	98 106
Chicorée	• Salat: Chicoréestreifen mit Orangen- oder Mandarinenfilets und einer mit Orangensaft zubereiteten Vinaigrette kombinieren, mit glatter Petersilie bestreuen		
Chicorée, gegart	• Gratin: Mit Schinkenscheiben ummanteln und mit Béchamelsauce im Backofen bei 200 °C etwa 20 Minuten gratinieren		
Chinakohl	• Salat ⟶ „Chicorée"	• Blattsalat mit Mais und Putenbrust *200 g für 2 Portionen*	103
Cocktailtomaten	• Vorspeise: Mit zerdrücktem Feta, Ziegenfrischkäse und Kräutern oder mit Käsecreme (⟶ Seite 112) füllen		
Erbsen, gegart	• Unter eine Gemüsesuppe mischen • Unter ein Risotto, einen Nudel- oder Reissalat mischen • Beilage: Zusammen mit gehackter Petersilie unter gekochten Reis mischen	• Kleine Gemüsesülze *200 g für 2 Portionen als Vorspeise*	107

Das ist der gute Rest	Ruck-zuck-Verwertung	Bunte Rezeptideen	Rezept Seite
Gemüse und Kräuter			
Erbsen, gegart (Forts.)	• Pastasauce: Zusammen mit Würfeln von gekochtem Schinken in Sahnesauce erwärmen	• Kartoffel-Gemüse-Salat *250 g für 2 Portionen als Beilage* • Pasta mit Räucherlachs *150 g für 2 Portionen* • Bunte Tortilla *100 g für 1 Portion*	102 141 145
Frühlingszwiebel	• Die weißen Teile in Rezepten verwenden, in denen Zwiebeln benötigt werden, das fertige Gericht mit dem in Ringe geschnittenen Grün bestreuen	• Blattsalat mit Mais und Putenbrust *1 Frühlingszwiebel für 2 Portionen* • Linsen-Aufstrich *1 Frühlingszwiebel für 2 Portionen*	103 118
Gemüse, gegart, verschiedene Arten 	• Pürieren zu Sauce oder Suppe • Mit Ei und einigen gekochten Kartoffelscheiben mischen • Ei darüberschlagen ⟶ „Bauernomelett" (⟶ Seite 52)	• Kartoffel-Gemüse-Salat *250 g für 2 Portionen als Beilage* • Kleine Gemüsesülze *200 g für 2 Portionen als Vorspeise* • Kartoffel-Gemüse-Suppe *150 g für 2 Portionen* • Kartoffeln und Gemüse in Béchamelsauce *200 g für 2 Portionen als Beilage* • Bunte Restepizza *500 g für 2 Portionen*	102 107 130 132 158
Gemüseauflauf (fest, mit Eiermilch)	• In Scheiben schneiden, in der Pfanne anbraten und mit Tomatensauce und Salat servieren		
Gurken	• Vorspeise: Mit Ziegenfrischkäse und Kräutern oder mit der Käsecreme (⟶ Seite 112) füllen • Salat: In Scheiben schneiden und unter einen Blattsalat mischen • Sauce: Gurken entkernen und mit Salz bestreut einige Minuten ziehen lassen. Würfeln und zusammen mit Zwiebelwürfeln anschwitzen, mit Brühe aufgießen, Crème fraîche zufügen und einkochen lassen. Mit Zitronensaft, Salz, Pfeffer und Dill abschmecken. Zu Fisch reichen	• Kartoffel-Gemüse-Salat *250 g für 2 Portionen als Beilage* • Minz-Joghurt-Drink *½ Gurke für 2 Portionen* • Gazpacho *400 g für 2 Portionen*	102 165 125

Das ist der gute Rest	Ruck-zuck-Verwertung	Bunte Rezeptideen	Rezept Seite
Gemüse und Kräuter			
Gurken (Forts.)	• Mixgetränk: Fein raspeln, ausdrücken, mit Buttermilch oder Kefir pürieren, mit Dill oder Petersilie, Salz und Pfeffer abschmecken		
Kidneybohnen, Konserve	• Unter eine Gulaschsuppe mischen • Salat: Mit Maiskörnern, Gurkenwürfeln, Zwiebeln und Vinaigrette mischen	• Chili con carne *100 g für 2 Portionen*	134
Knoblauch	• 1 Zehe: Durchpressen und für eine Vinaigrette oder ein Zaziki verwenden • Knoblauchbrot: Auf getoastetes Brot reiben, mit Butter bestreichen und leicht salzen • Mediterranes Brot: Geröstete Brotscheiben mit Knoblauchzehen einreiben, mit Olivenbrot beträufeln, mit Tomatenscheiben belegen, wenn zur Hand auch mit Kapern, Peperoni u. Ä., salzen und pfeffern • ½ Zehe: Eine Salatschüssel damit ausreiben		
Knollensellerie	• Raspeln, mit Zitronensaft beträufeln und für einen Rohkostsalat verwenden, z. B. zusammen mit Möhren und Äpfeln	• Kartoffel-Gemüse-Suppe *150 g für 2 Portionen*	130
Knollensellerie, gegart	• Beilage: Pürieren und unter heißes Kartoffelpüree mischen	• Kartoffel-Gemüse-Suppe *150 g für 2 Portionen*	130
Kohlrabi	• In dünne Scheiben schneiden und auf ein Pausenbrot legen • Suppeneinlage: Würfeln und in Brühe bissfest kochen • Raspeln und für einen Rohkostsalat verwenden, z. B. zusammen mit Möhren	• Pasta mit Räucherlachs *150 g für 2 Portionen*	141
Kohlrabi, gegart	• Beilage: Pürieren und unter heißes Kartoffelpüree mischen, mit Muskat abschmecken	• Kartoffel-Gemüse-Suppe *150 g für 2 Portionen*	130
Lauch	• Die weißen Teile für Rezepte verwenden, in denen Zwiebeln benötigt werden • Sehr dünn schneiden und als Suppeneinlage verwenden	• Kartoffel-Gemüse-Suppe *150 g für 2 Portionen* • Kartoffelgulasch *1 Stange Lauch für 2 Portionen*	130 133

Das ist der gute Rest	Ruck-zuck-Verwertung	Bunte Rezeptideen	Rezept Seite
Gemüse und Kräuter			
Lauch, gegart	• Für die Füllung einer Quiche oder als Belag auf einem Flammkuchen verwenden • Zusammen mit geschrotetem Getreide für einen Gemüsebratling verwenden	• Kartoffel-Gemüse-Suppe *150 g für 2 Portionen*	130
Linsen, Konserve	• Zu Spätzle und Wiener Würstchen servieren, mit Essig säuerlich abschmecken	• Schneller Linsensalat *250 g für 2 Portionen*	104
Linsen, rote, gegart	• Salat: Mit Frühlingszwiebelringen, Tomatenwürfeln und Kräuter-Joghurt-Dressing kombinieren	• Linsen-Aufstrich *100 g für 2 Portionen* • Chili con carne (Variation) *100 g für 2 Portionen*	118 134
Mais, Konserve	• Salat: Mit Streifen von Eisbergsalat und Mandarinenspalten (aus der Dose) kombinieren • Salat ···> „Kidney-Bohnen“	• Hähnchen-Drumsticks mit Tomaten-Avocado-Mais-Salat *½ Dose für 2 Portionen* • Bunter Nudelauflauf *3 Esslöffel für 2 Portionen* • Chili con carne *½ Dose für 2 Portionen*	149 156 134
Möhren 	• Suppeneinlage: Würfeln und in Brühe bissfest kochen • Salat: Raspeln und für einen Rohkostsalat verwenden, z. B. zusammen mit Apfel, Sellerie oder Kohlrabi • Rohkost für ein Butterbrot	• Marinierte Champignons (Variation) *150 g für 1 Portion als Vorspeise* • Möhren-Kräuterquark-Aufstrich *1 Möhre für 2 Portionen* • Möhrensauce *2 kleine Möhren für 1 Portion* • Kartoffel-Gemüse-Suppe *150 g für 2 Portionen* • Kartoffelgulasch *1 Möhre für 2 Portionen* • Kartoffel-Gemüse-Küchlein *300 g für 2 Portionen oder 4 Portionen als Beilage* • Bunte Fischstäbchen *70 g für 2 Portionen*	106 121 113 130 133 146 139

Das ist der gute Rest	Ruck-zuck-Verwertung	Bunte Rezeptideen	Rezept Seite
Gemüse und Kräuter			
Möhren, gegart	• Für einen Nudelauflauf verwenden • Für ein Eintopfgericht oder eine Gemüsesuppe verwenden • Zusammen mit geschrotetem Getreide für einen Gemüsebratling verwenden	• Kartoffel-Gemüse-Salat *250 g für 2 Portionen als Beilage* • Kleine Gemüsesülze *200 g für 2 Portionen als Vorspeise* • Kartoffel-Gemüse-Suppe *150 g für 2 Portionen*	102 107 130
Oliven, ungefüllt	• Für einen griechischen Bauernsalat verwenden • Zu einer Paste zerdrücken und auf Crostini streichen • Zusammen mit halbierten Kirschtomaten, Knoblauchwürfeln und frisch gegarter Pasta in heißem Olivenöl schwenken, mit Mittelmeerkräutern bestreut servieren	• Schafskäse-Brötchen *2 schwarze Oliven für 1 Portion*	96
Paprikaschote 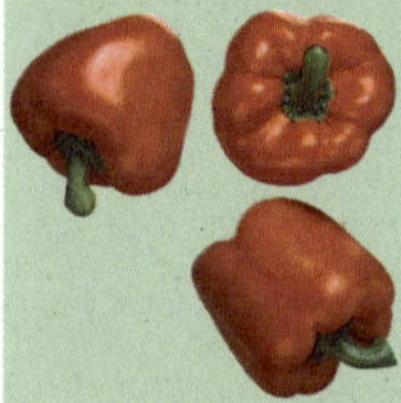	• Tomaten-Gemüse-Sauce: Fein würfeln und zusammen mit Zwiebeln und Knoblauch in Öl andünsten, gehackte Tomaten aus der Dose zufügen, mit Salz, Pfeffer und Zucker abschmecken, etwa 15 Minuten köcheln lassen, mit Kräutern abschmecken • Vorspeise: Halbieren, unter dem Backofengrill bei 250 °C rösten, bis die Haut schwarz ist, enthäuten, mit Ziegenfrischkäse und Kräutern füllen, mit etwas Olivenöl beträufeln und mit Pfeffer übermahlen • Als Rohkost zu einem Pausenbrot • Für einen Salat verwenden	• Gratinierte Brote à la bolognese *1 kleine Paprika für 2 Portionen* • Paprikasauce *1 kleine rote Paprika für 1 Portion zu Pasta oder 2 Portionen als Dip* • Buntes Curry-Gemüse-Geschnetzeltes *1 kleine rote oder orange Paprika für 1 Portion* • Chili con carne *1 rote Paprika für 2 Portionen* • Asia-Rollen mit Glasnudel-Nuss-Füllung *1 rote Paprika für 4 Portionen* • Bunte Tortilla *½ Paprika für 1 Portion* • Bunter Nudelauflauf *½ rote Paprika für 2 Portionen*	98 114 131 134 143 145 156
Petersilie	• ⟶ „Basilikum“ • Kleingehackt zu Salaten, Gemüse	• Grundrezept Pesto *½ Bund Kräuter für 2 Portionen*	116

Das ist der gute Rest	Ruck-zuck-Verwertung	Bunte Rezeptideen	Rezept Seite
Gemüse und Kräuter			
Petersilie (Forts.)	• In der Pfanne mit etwas Öl und Salz knusprig rösten, passt auch zu Käse und Wein		
Petersilienwurzel	• Für eine pürierte Gemüsesuppe verwenden • Fein hobeln und in heißem Öl frittieren, zum Bestreuen von Salaten oder Suppen verwenden	• Kartoffel-Gemüse-Küchlein *300 g für 2 Portionen oder 4 Portionen als Beilage* • Kartoffel-Gemüse-Suppe *150 g für 2 Portionen*	146 130
Radieschen	• Als Rohkost zum Pausenbrot • Mit Kräuterquark oder Crème fraîche und deutschem Kaviar füllen • Raspeln und zusammen mit Kräutern unter Quark rühren, zu Pellkartoffeln servieren	• Kartoffel-Gemüse-Salat *250 g für 2 Portionen als Beilage*	102
Rauke (Rucola)	• ⟶ „Basilikum" • Mit Blattsalat kombinieren • Zusammen mit Tomaten und Schinken oder Käse als Brotbelag verwenden	• Grundrezept Pesto *½ Bund Kräuter für 2 Portionen* • Grüner Risotto *50 g für 1 Portion*	116 142
Rettich	• Brotbelag: In feine Scheiben schneiden und zusammen mit Salatblättern, Leberkäsescheiben auf mit süßem Senf bestrichene Brötchenhälften legen • Carpaccio: In dünne Scheiben schneiden, mit Gurkenscheiben dachziegelartig auf Teller schichten, salzen, mit etwas Olivenöl beträufeln		
Rohkost, verschiedene Arten, gemischt	• Zu einem Mischgemüse garen • Auf Butter-/Käsebrot legen	• Kartoffel-Gemüse-Salat *250 g für 2 Portionen als Beilage*	102
Rosenkohl, gegart	• Unter ein Rindergeschnetzeltes heben • Auf einem Bett von gegarter Polenta in eine Auflaufform schichten, mit geriebenem Parmesan bestreuen und im Backofen bei 200 °C etwa 20 Minuten gratinieren		

Das ist der gute Rest	Ruck-zuck-Verwertung	Bunte Rezeptideen	Rezept Seite
Gemüse und Kräuter			
Rote Bete	• Risotto rosso: Die Rote Bete mit der Küchenreibe in den Risotto hineinreiben (rohe am Anfang, gegarte am Ende der Garzeit) • Salat: Gekochte rote Bete in Scheiben schneiden und mit Brühe/Vinaigrette und Zwiebelwürfeln mischen; gut ziehen lassen	• Fruchtiger Rote-Bete-Salat *2 gegarte Knollen für 2 Portionen*	101
Rotkohl	• Raspeln, gut ausdrücken, mit Rosinen, gehackten Nüssen und evtl. Bratenresten in Blätterteigtaschen füllen, mit Eiermilch bestreichen und im Backofen bei 200 °C etwa 25 Minuten goldbraun backen		
Sauerkraut, roh	• Brotbelag: Zusammen mit gedünsteten Apfelscheiben und gekochtem Schinken auf Bauernbrot legen • Mit einem Crème-fraîche-Eier-Guss mischen und als Belag für eine Quiche oder als Füllung für Teigtaschen (z. B. aus Strudelteig oder Quark-Öl-Teig) verwenden		
Schnittlauch	• Zum Bestreuen von Salaten oder Aufläufen verwenden • Mit Milchprodukten, Salz und Pfeffer zu einem Dip verrühren • ···› „Basilikum“		
Spargel, gegart 	• Salat: Mit gekochten Erbsen, gekochtem Schinken oder Hühnerfleisch kombinieren • Salat: Mit gekochten, geviertelten Eiern und einer Kräutervinaigrette kombinieren • Mit je einer Scheibe gekochtem Schinken und Käse umwickeln, mit etwas Brühe in eine Auflaufform geben und im Backofen bei 200 °C etwa 20 Minuten gratinieren	• Pasta mit Räucherlachs *150 g für 2 Portionen* • Kleine Gemüsesülze *200 g für 2 Portionen als Vorspeise* • Kartoffel-Gemüse-Salat *250 g für 2 Portionen als Beilage*	141 107 102
Spinat	• Salat: Mit blättrig geschnittenen Champignons oder Apfel und Knoblauchvinaigrette kombinieren	• Grüner Risotto *50 g für 1 Portion*	142
Spinat, gegart	• Fein hacken oder pürieren, unter eine Masse für Omelett oder Spätzle heben		

Das ist der gute Rest	Ruck-zuck-Verwertung	Bunte Rezeptideen	Rezept Seite
Gemüse und Kräuter			
Spinat, TK-Rahmspinat (gefroren)	• Zusammen mit gewürfeltem Feta auf Blätterteigquadrate legen, pfeffern, zu Dreiecken zusammenfalten, mit Eiermilch bestreichen und im Backofen bei 200 °C etwa 25 Minuten goldbraun backen • Zusammen mit fein gewürfeltem Käse auf zwei aufeinandergelegte, aufgetaute Wan-Tan-Blätter geben, diese zu Säckchen formen und in einem Topf mit Dämpfeinsatz etwa 5 Minuten dämpfen		
Sprossen	• Zum Bestreuen von Salaten oder Aufläufen verwenden	• Blattsalat mit Mais und Putenbrust *1 Esslöffel für 2 Portionen*	103
Staudensellerie	• Vorspeise: Blauschimmelkäse zerdrücken, mit Crème fraîche verrühren, in einen Spritzbeutel füllen, Rosetten in Selleriestücke spritzen • Schneller Waldorf-Salat: Würfeln, mit Apfelwürfeln und Zitronensaft mischen, mit Sahne verfeinern, salzen, pfeffern und mit gehackten Walnüssen bestreuen		
Staudensellerie, gegart	• Für Gemüse- oder Fischsuppen verwenden	• Kleine Gemüsesülze *200 g für 2 Portionen als Vorspeise*	107
Tomaten, roh 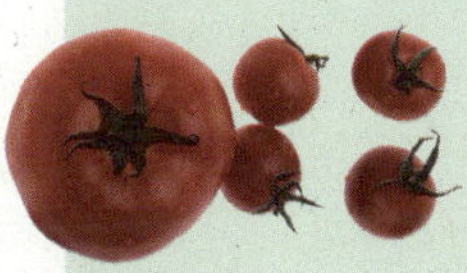	• Als Belag auf Pizza, in Gemüseeintöpfen und -saucen, für belegte Brote, Toasts oder Omeletts verwenden • Dip: Klein schneiden, mit saurer Sahne verrühren, mit Salz abschmecken • Salat: In Scheiben schneiden, mit Zwiebelwürfeln, Essig und Öl mischen und mit Salz und Pfeffer würzen • Suppeneinlage: Enthäuten, entkernen, würfeln und in Brühe erwärmen • Bauernbrot rösten, mit geschälter Knoblauchzehe einreiben, eine Tomate darauf verreiben, mit Olivenöl, Salz und Pfeffer würzen • Fein hacken und in einer Tomatensauce (Fertigprodukt) erwärmen	• Crostini mit Sardellen und Tomaten *1 Tomate für 2 Portionen als Vorspeise* • Gratinierte Brote à la bolognese *1 große Tomate für 2 Portionen* • Kartoffel-Gemüse-Salat *250 g für 2 Portionen als Beilage*	99 98 102

Das ist der gute Rest	Ruck-zuck-Verwertung	Bunte Rezeptideen	Rezept Seite
Gemüse und Kräuter			
Tomaten, roh (Forts.)	• Fein hacken und in einer Tomatensauce (Fertigprodukt) erwärmen	• Linsen-Aufstrich *1 große Tomate für 2 Portionen*	118
Tomatensauce	• Für eine Pizza verwenden • Sauce zu Pasta oder gebratenem Fleisch: Evtl. mit Sahne verlängern und durch Kräuter, Chilipulver, Salamiwürfelchen etc. eine andere Geschmacksrichtung verleihen • Als Sauce für einen Reissalat oder für grüne Bohnen verwenden	• Tomatendip *1 Portion selbst gekochte Tomatensauce für 2 Portionen* • Bunte Restepizza *200 ml für 2 Portionen*	109
Weißkohl, gegart	• Kohlfleckerl: Gegarte Nudeln mit Schinken- und Weißkohlstreifen in Butter schwenken • Krautschupfnudeln: Speckwürfel knusprig auslassen, Weißkohl darin erwärmen und mit gebratenen Schupfnudeln mischen		158
Weißkohlsalat	• Krautbrot: Mit Tomatenscheiben, gekochtem Schinken, geriebenem Käse und verrührtem Schmand auf Bauernbrot schichten und unter dem Backofengrill bei 200 °C etwa 5 Minuten gratinieren		
Wirsing, gegart	• Salat: Mit in Scheiben geschnittenen Tomaten, Zwiebelwürfeln und Vinaigrette mischen • In einer Gemüsesuppe oder einem Eintopfgericht erwärmen		
Zucchini	• Suppeneinlage: Würfeln und in Brühe bissfest kochen 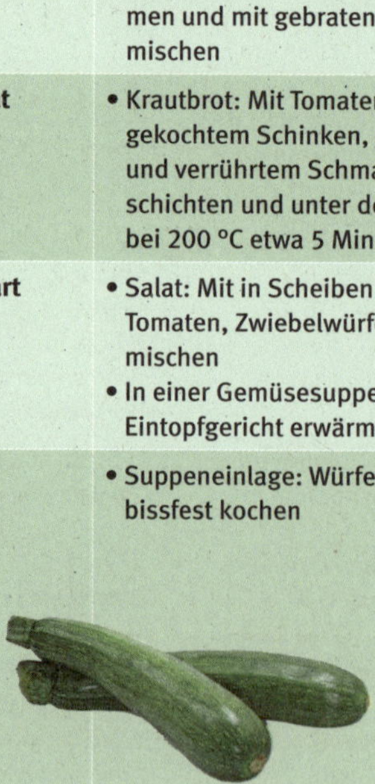	• Nudel-Frittata *60 g für 1 Portion* • Kartoffel-Gemüse-Küchlein *300 g für 2 Portionen oder 4 Portionen als Beilage* • Feuriger Nudelauflauf *1 kleine Zucchini für 2 Portionen* • Bunte Fischstäbchen *70 g für 2 Portionen*	140 146 157 139

Das ist der gute Rest	Ruck-zuck-Verwertung	Bunte Rezeptideen	Rezept Seite
Gemüse und Kräuter			
Zucchini, gegart	• Aushöhlen, mit Kräuterquark oder einer Schafskäsecreme füllen • Pastasauce: Würfeln, mit Knoblauch andünsten, mit Sahne aufkochen, mit Mittelmeerkräutern, Salz und Pfeffer abschmecken	• Kleine Gemüsesülze *200 g für 2 Portionen als Vorspeise*	107
Zuckerschoten, gegart	• Unter eine Gemüsesuppe mischen • Unter ein Risotto, einen Nudel- oder Reissalat mischen • Pastasauce: Zusammen mit Würfeln von gekochtem Schinken in Sahnesauce erwärmen	• Kartoffel-Gemüse-Salat *250 g für 2 Portionen als Beilage* • Pasta mit Räucherlachs *150 g für 2 Portionen*	102 141

Das ist der gute Rest	Ruck-zuck-Verwertung	Bunte Rezeptideen	Rezept Seite
Obst			
Ananas	• Salat: Fein würfeln und unter einen Garnelen- oder Hühnersalat (Fertigprodukt) mischen • Toast Hawaii: Ananasring auf eine gebutterte Toastscheibe legen, 1 Scheibe gekochten Schinken und 1 Scheibe Schnittkäse darauflegen und bei 200 °C 5 Minuten im Backofen überbacken • Dessert: In Stücke schneiden, Minzeblätter hacken und mit braunem Zucker verrühren, Ananas damit bestreuen	• Ananas-Soja-Drink *100 g für 1 Portion*	164
Apfel	• Belegtes Brot: Hauchdünn schneiden und mit geräuchertem Putenschinken auf gebuttertes Vollkornbrot legen, mit Kresse oder Sprossen bestreuen • Brotaufstrich: Zusammen mit der gleichen Menge Möhren fein raspeln, mit Zitronensaft beträufeln und mit Crème fraîche mischen, mit Meerrettich abschmecken	• Bircher Müsli *½ Apfel für 1 Portion* • Fruchtiger Rote-Bete-Salat *1 kleiner Apfel für 2 Portionen*	94 101

Das ist der gute Rest	Ruck-zuck-Verwertung	Bunte Rezeptideen	Rezept Seite
Obst			
Apfel (Forts.)	• Pfannkuchen: In dünne Spalten schneiden und mit Pfannkuchenteig in der Pfanne ausbacken • Ein Käsebrot mit Apfelscheiben belegen 	• Apfel-Meerrettich-Aufstrich *1 kleiner Apfel für 2 Portionen* • Milchreisauflauf (Variation) *100 g für 2 Portionen* • Obst-Crumble *125 g für 2 Portionen als Dessert*	119 171 175
Apfelmus	• Kleingebäck: Auf Blätterteigquadrate legen, mit Zimt würzen, zu Dreiecken falten und backen • Dessert: Abwechselnd mit Löffelbiskuits und Quark oder Vanillepudding in Gläser schichten • Beilage: Zu pikanten Gerichten, z. B. Bratwurst und Kartoffeln, servieren		
Aprikose	• Toast: Aprikosenspalten auf eine mit Himbeermarmelade bestrichene Toastscheibe legen, eine Scheibe geräucherte Putenbrust und eine Scheibe halbfesten Schnittkäse darauflegen und bei 200 °C im Backofen etwa 5 Minuten überbacken • Halbieren, in einer mit etwas Butter ausgestrichenen Pfanne erwärmen und mit geschlagener Sahne oder der Amarettocreme (⇢ Seite 174) servieren • ⇢ „Pfirsich“	• Buntes Curry-Gemüse-Geschnetzeltes *2 Aprikosen für 1 Portion* • Milchreisauflauf *100 g für 2 Portionen*	131 171
Aprikose, getrocknet	• Klein schneiden und einer Müslimischung beigeben • Unter Geflügelcurry oder Reisgerichte heben	• Exotische Fruchtriegel mit Kokos *50 g für 12 Stück*	177
Avocado	• Unter einen Krabbencocktail (Fertigprodukt) mischen	• Hähnchen-Drumsticks mit Tomaten-Avocado-Mais-Salat *1 Avocado für 2 Portionen*	149

Das ist der gute Rest	Ruck-zuck-Verwertung	Bunte Rezeptideen	Rezept Seite
Obst			
Avocado, überreif	• Guacamole: Pürieren, mit Zitronensaft beträufeln, mit Joghurt und fein gewürfelten Tomaten verrühren und mit Chilipulver, Knoblauch, Salz und Pfeffer würzen		
Banane	• Belegtes Brot: In Scheiben schneiden, auf ein mit Quark oder Hüttenkäse bestrichenes Vollkornbrot legen, mit Zimt bestreuen • Dessert: In Scheiben schneiden, mit geraspelter Schokolade bestreuen, mit Baiser anrichten • Dessert: Längs halbieren, mit Zimtzucker bestreuen und in etwas Butter in einer beschichteten Pfanne rundherum braten. Mit Ahornsirup beträufeln und mit Walnusseis servieren • Beilage: Längs halbieren, in Butter braten, zu Curry- oder asiatischen Gerichten servieren	• Bircher Müsli *½ Banane für 1 Portion* • Bananen-Kokos-Sauce *1 Banane für 2 Portionen* • Heidelbeer-Bananen-Müsli *1 Banane für 1 Portion*	94 110 93
Banane, überreif (dunkelbraune Stellen entfernen)	• Milch- oder Sojashake: Eine Banane mit einem Spritzer Zitronensaft und ca. 100 ml Milch oder Sojadrink pürieren • 1–2 gut zerdrückte Bananen unter einen Waffel- oder Rührkuchenteig heben • Zusammen mit etwas Nuss-Nougat-Creme als Füllung für Blätterteigtaschen verwenden	• Ananas-Soja-Drink *½ Banane für 1 Portion* • Orangen-Bananen-Drink *1 Banane für 2 Portionen* • Schnelles Bananen-Eis *3 eingefrorene Bananen für 4 Portionen als Dessert* • Bananen-Muffins *4 Bananen für 12 Stück*	164 166 174 179
Beeren (Erdbeeren, Brombeeren, Heidelbeeren, Johannisbeeren)	• Pürieren, durch ein Sieb streichen, zuckern, als (heiße) Sauce zu Vanilleeis reichen • Für Milchmixgetränke, Fruchtquark oder -joghurt verwenden	• Rote Grütze *150 g für 2 Portionen*	173

Das ist der gute Rest	Ruck-zuck-Verwertung	Bunte Rezeptideen	Rezept Seite
Obst			
Beeren (Forts.)	• Unter Grießbrei, Milchreis oder Vanillepudding mischen • Unter einen Pfannkuchenteig heben, als Schmarrn in der Pfanne braten • Gut gekühlte Dickmilch in Schälchen verteilen, mit Beeren, braunem Zucker und evtl. zerbröseltem Pumpernickel bestreuen		
Beeren, tiefgefroren	• ⇢ „Beeren“	• Obst-Crumble *125 g für 2 Portionen als Dessert*	175
Beerenmischung, TK	• Eis: Leicht antauen lassen, mit Sahne und etwas Puderzucker pürieren • In gefrorenem Zustand unter einen Muffin- oder Rührkuchenteig heben • ⇢ „Beeren“	• Rote Grütze *150 g für 2 Portionen* • Obst-Crumble *125 g für 2 Portionen*	173 175
Birne 	• Toast: Birnenspalten auf eine mit Senf bestrichene Toastscheibe legen, 1 Scheibe rohen Schinken und 1 Scheibe Schnittkäse darauflegen und bei 200 °C etwa 5 Minuten im Backofen überbacken • Vorspeise: Mit luftgetrocknetem Schinken oder Salami anrichten, evtl. zusammen mit geviertelten Feigen • Dessert: Ganze Frucht mit dem Sparschäler schälen, mit Zucker, Zitronensaft und Zimtstange in Weiß- oder Rotwein 5–10 Minuten bei geringer Hitze gar ziehen, im Sud erkalten lassen, abtropfen lassen, mit Vanilleeis und Schlagsahne servieren	• Fruchtiger Rote-Bete-Salat *1 kleine Birne für 2 Portionen* • Gefüllte Birne *1 Birne für 1 Portion als Vorspeise* • Milchreisauflauf *100 g für 2 Portionen*	101 105 171
Birne, überreif	• Milchshake: Zusammen mit Vanillezucker mit Milch oder Buttermilch pürieren		
Brombeeren	• ⇢ „Beeren“		
Dattel, getrocknet	• Fingerfood: Mit Speck umwickeln, mit Holzstäbchen feststecken, in wenig Öl knusprig braten • Fein hacken und (evtl. zusammen mit Rosinen) unter Couscous rühren		

Das ist der gute Rest	Ruck-zuck-Verwertung	Bunte Rezeptideen	Rezept Seite
Obst			
Erdbeeren	• Vorspeise: Mit Mozzarella, weißem Balsamico-Essig, Basilikum, Salz und Pfeffer anrichten • Dessert: In Scheiben schneiden, mit etwas Orangenlikör beträufeln, mit gerösteten Mandelblättchen und Sahnetupfern servieren • ⇢ „Beeren"	• Traubensandwich (Variation) *100 g für 2 Portionen* • Sommerlicher Frucht-Kokos-Drink *150 g für 2 Portionen*	97 164
Feige	• Vorspeise: Vierteln, mit luftgetrocknetem Schinken oder Salami anrichten, evtl. zusammen mit Birnenspalten		
Feige, überreif	• Dessert: Halbieren, mit den Schnittflächen nach unten in einer mit Puderzucker bestreuten Pfanne erwärmen, mit einer Creme aus Mascarpone und Sahne, abgeschmeckt mit Orangenschale, anrichten		
Grapefruit	• Salat: Grapefruit in Filets schneiden, mit Avocadofilets, Garnelen und Vinaigrette kombinieren		
Himbeeren	• ⇢ „Beeren" 		
Heidelbeeren	• ⇢ „Beeren"	• Heidelbeer-Bananen-Müsli *75 g für 1 Portion*	93
Honigmelone	• Melonenbowle: Kugeln ausstechen und in kaltem Apfelsaft einige Stunden ziehen lassen, mit kohlesäurehaltigem Mineralwasser oder Zitronensprudel auffüllen • Mit pikanten Salatzutaten kombinieren, z. B. Blattsalaten, geräucherter Putenbrust, Mais	• Sommerliche Melonensuppe mit Garnelen *½ Melone für 2 Portionen*	127
Johannisbeeren	• ⇢ „Beeren"		
Kiwi	• Vorspeise: Mit Mozzarella, weißem Balsamico-Essig, Basilikum, Salz und Pfeffer anrichten • Unter die Sauce eines Currygerichts heben	• Kiwi-Kefir-Drink *1 Kiwi für 1 Portion*	166
Kiwi, überreif	• Mixgetränk: Kiwi mit Multivitaminsaft oder Orangensaft pürieren		

Das ist der gute Rest	Ruck-zuck-Verwertung	Bunte Rezeptideen	Rezept Seite
Obst			
Kirschen, sauer, frisch	• Dessert: Mit Schokoraspel unter Quark heben	• Obst-Crumble *125 g für 2 Portionen*	175
Kirschen, sauer (aus dem Glas)	• Für einen süßen Auflauf (z. B. mit Brot oder Grieß) verwenden • Unter eine dunkle Sauce zu Wildgerichten mischen	• Milchreisauflauf (Variation) *100 g für 2 Portionen*	171
Kirschen, süß	• Für einen süßen Auflauf (z. B. mit Brot oder Grieß) verwenden		
Kokosnuss	• Kokosfleisch mit Sparschäler in feine Streifen schneiden, zusammen mit dem Kokoswasser für ein Currygericht, z. B. Hühnercurry, verwenden • Frische Kokosraspel für eine Joghurtcreme verwenden • Frische Kokosraspel unter Früchtereis mischen, z. B. kombiniert mit Bananen oder Aprikosen		
Kompott, z. B. Apfel	• Zu Pfannkuchen oder Kaiserschmarrn servieren • Mit Vanillepudding oder -quark kombinieren	• Obst-Crumble *125 g für 2 Portionen*	175
Mandarine	• ⇢ „Orange“		
Mandarine, Konserve	• Salat: Halbieren, unter einen Garnelen- oder Geflügelsalat (Fertigprodukt) mischen • Sandwichbelag oder Tortillafüllung (Wrap): Mit Hähnchenfleisch, Blattsalatstreifen, Frühlingszwiebeln und Salatcreme mischen, mit Salz und Pfeffer abschmecken	• Milchreisauflauf (Variation) *100 g für 2 Portionen*	171
Mango 	• Würfeln, zusammen mit Reis garen, als Beilage zu Fisch oder Garnelen servieren • ⇢ auch „Mandarine, Konserve“	• Traubensandwich (Variation) *100 g für 2 Portionen* • Mango-Multivitamindrink *½ Mango für 2 Portionen*	97 167

Das ist der gute Rest	Ruck-zuck-Verwertung	Bunte Rezeptideen	Rezept Seite
Obst			
Mirabelle	• ⇢ „Pflaume“	• Pflaumensauce (Variation) *100 g für 2 Portionen*	117
Nektarine	• ⇢ „Pfirsich“		
Obstsalat	• Mit Quark oder Joghurt mischen • Mürbeteigtorteletts mit gut abgetropftem Obstsalat belegen, mit klarem Tortenguss überziehen • Unter einen Reissalat oder ein Currygeschnetzeltes heben		
Orange	• Salat: Orange in Filets schneiden, mit Chinakohl oder Chicorée mischen, eine Vinaigrette mit Orangensaft zubereiten, mit glatter Petersilie bestreuen • Mixgetränk: Fruchtsaft auspressen und mit einer reifen Banane pürieren		
Pfirsich	• Vorspeise: Halbieren und mit einer Creme aus Blauschimmelkäse und Crème fraîche füllen • Dessert: Halbieren, in einer mit etwas Butter ausgestrichenen Pfanne erwärmen und mit geschlagener Sahne oder der Amarettocreme (⇢ Seite 174) servieren • In Spalten schneiden, zusammen mit Frühlingszwiebeln unter eine helle Sauce zu Geflügel mischen	• Pflaumensauce (Variation) *100 g für 2 Portionen* • Milchreisauflauf *100 g für 2 Portionen*	117 171
Pflaume	• Mit einer Zimtstange und Zucker zu Kompott kochen und zu Kaiserschmarrn oder Joghurt servieren	• Pflaumensauce *100 g für 2 Portionen* • Obst-Crumble *125 g für 2 Portionen*	117 175
Pflaume, getrocknet	• Fingerfood: Mit Speck umwickeln, mit Holzstäbchen feststecken, in wenig Öl knusprig braten		
Rhabarber	• Dessert: Kochen und mit Vanillepudding oder Vanillequark servieren		
Rosinen	• Unter Apfelkompott mischen	• Bircher Müsli *1 Esslöffel für 1 Portion*	94

Das ist der gute Rest	Ruck-zuck-Verwertung	Bunte Rezeptideen	Rezept Seite
Obst			
Rosinen (Forts.)	• Für Müslis verwenden • Zusammen mit gehackten Nüssen als Füllung für Bratäpfel verwenden • Unter gegarten Reis mischen (evtl. zusammen mit frischen Früchten) • In dunkle Saucen zu Fleischgerichten mischen • Unter Pfannkuchen-, Rühr- oder Hefeteig mischen	• Single-Müsli *1 Esslöffel für 1 Portion*	93
Stachelbeeren		• Obst-Crumble *125 g für 2 Portionen*	175
Trockenobst	• Für Müslis verwenden • Zu Kompott kochen	• Exotische Fruchtriegel mit Kokos *200 g für 12 Stück*	177
Wassermelone	• Salat: Mit pikanten Salatzutaten kombinieren, z. B. Endivie, schwarze Oliven, Schafskäse	• Sommerlicher Frucht-Kokos-Drink *200 g für 2 Portionen*	164
Weintraube 	• Trauben halbieren und entkernen und in einer hellen Sauce (zu Fleisch oder Geflügel) erwärmen	• Trauben-sandwich *100 g für 2 Portionen*	97
Zitrone	• Zitronendrink: Zitrone auspressen, mit Zucker nach Geschmack verrühren und mit kohlensäurehaltigem Mineralwasser aufgießen • Zitronenscheiben (von Bio-Zitronen) in heller Sauce zu Fisch- und Geflügelgerichten mitgaren • Zur Zubereitung von Holunderblütensaft verwenden • Zitronenschale (von Bio-Zitronen) zum Aromatisieren von Mürbeteig, Pastasaucen oder Suppen verwenden	• Erbsen-Zitronen-Suppe *2 Teelöffel Zitronensaft, etwas Schale für 2 Portionen*	126

Das ist der gute Rest	Ruck-zuck-Verwertung	Bunte Rezeptideen	Rezept Seite
Kartoffeln			
Bratkartoffeln	• Bauernfrühstück: Mit Eiern, gewürfelten Zwiebeln, evtl. Speck oder Schinken in der Pfanne braten	• Schneller Linsensalat *3 Kartoffeln für 2 Portionen*	104
Gnocchi, gegart	• Als Einlage in einer Tomatensuppe erwärmen • In eine gefettete Auflaufform geben und mit Eiermilch (2 Eier auf 100 ml Milch) und Parmesan im Backofen bei 200 °C etwa 30 Minuten überbacken • Auf einem Bett von aufgetautem TK-Rahmspinat in den Backofen schieben, mit etwas zerlassener Butter bestreichen und mit Parmesan bestreuen, im Backofen bei 200 °C etwa 20 Minuten überbacken		
Kartoffelgratin	• In kleinen Portionen einfrieren, mit etwas Sahne in ofenfeste Förmchen geben und bei 180 °C 30 Minuten aufbacken		
Kartoffelklöße	• In Scheiben schneiden und in Butterschmalz in der Pfanne anbraten, evtl. vorher mit Ei und Semmelbröseln panieren		
Kartoffelpuffer	• Auflauf: In Stücke schneiden, 10 Minuten vor Ende der Backzeit dachziegelartig auf ein Gemüsegratin legen, evtl. mit etwas geriebenem Käse bestreuen		
Kartoffelpüree	• Gemüsepüree: Mit püriertem, gegartem Gemüse (z. B. Spinat, Möhren) verrühren, mit ca. 2 Esslöffeln Sahne oder Milch im Topf erwärmen, evtl. mit etwas Butter verfeinern • Pikantes Püree: Mit gehackten Kräutern oder Tomatenmark und Paprikapulver verrühren, mit ca. 2 Esslöffeln Sahne oder Milch kurz erwärmen, evtl. mit etwas Butter verfeinern • Herzoginkartoffeln: Mit Ei (1 verquirltes Ei auf 300 g Kartoffelpüree) verrühren, mit Pfeffer und Muskat abschmecken. In eine Spritztüte mit Sterntülle füllen, auf ein mit Backpapier ausgelegtes Backblech spritzen, mit etwas Eigelb-Milch-Mischung bepinseln und im Backofen bei 220 °C goldbraun backen	• Kartoffelplätzchen *150 g für 1 Portion als Beilage*	147

Das ist der gute Rest	Ruck-zuck-Verwertung	Bunte Rezeptideen	Rezept Seite
Kartoffeln			
Kartoffeln, roh 	• Fein raspeln und zum Binden von Saucen und (Gemüse-)Suppen verwenden	• Minestrone *1 kleine Kartoffel für 2 Portionen* • Kartoffel-Gemüse-Küchlein *100 g für 2 Portionen oder 4 Portionen als Beilage* • Chinakohl-Auflauf *200 g für 2 Portionen*	128 146 154
Kartoffelsalat	• Mit weiteren Zutaten „verlängern“, z. B. mit gekochten Eiern, Garnelen, Radieschen, Gurken, Tomaten, Frühlingszwiebeln, Eisberg- oder Endiviensalat		
Kartoffelsalat mit Brühe (und Speck)	• Die Kartoffeln zerdrücken, alles nach Bedarf noch mit Essig und Öl abschmecken und als Vinaigrette zu Salat servieren, z. B. Feldsalat		
Pellkartoffeln	• Bratkartoffeln: In Scheiben schneiden und (nach Geschmack mit Zwiebeln und Speck) in Öl als Bratkartoffeln braten • Würfeln, anbraten und als Einlage in eine Suppe geben • Mit verquirltem Ei und Kräutern als Kartoffelomelett braten • Bauernomelett: In Scheiben schneiden und zusammen mit gedünsteten Zwiebeln und gewürfelten sauren Gurken mit verquirlten Eiern mischen, braten, salzen und pfeffern	• Kartoffel-Gemüse-Salat *3 große Kartoffeln für 2 Portionen als Beilage* • Schneller Linsensalat *3 Kartoffeln für 2 Portionen* • Kartoffel-Gemüse-Suppe *250 g für 2 Portionen* • Kartoffeln und Gemüse in Béchamelsauce *200 g für 2 Portionen als Beilage*	102 104 130 132

Das ist der gute Rest	Ruck-zuck-Verwertung	Bunte Rezeptideen	Rezept Seite
Kartoffeln			
Pellkartoffeln (Forts.)		• Kartoffel-Fleisch-Pfanne *400 g für 2 Portionen* • Bunte Tortilla *125 g für 1 Portion* • Chinakohl-Auflauf *200 g für 2 Portionen* • Kartoffelbrot *100 g für 1 Brot*	137 145 154 181
Pell- oder Salzkartoffeln (aus mehligkochenden Kartoffeln)	• Kleine Mengen zerdrücken und unter heißes Gemüsepüree oder unter eine Gemüsesauce rühren	• Kartoffelplätzchen *150 g für 1 Portion als Beilage* • Kartoffelbrot *100 g für 1 Brot*	147 181
Rösti	• Im Backofen aufwärmen und mit 1 Spiegelei (evtl. zusätzlich mit Tomatenscheiben und Schinken) belegt servieren		
Salzkartoffeln	• Würfeln, anbraten und als Einlage in eine Suppe geben • Mit verquirltem Ei und Kräutern als Kartoffelomelett braten • Suppe: Größere Mengen zusammen mit Milch fein pürieren, in einem Topf erwärmen, mit Muskat und frischen Kräutern abschmecken	• Schneller Linsensalat *3 Kartoffeln für 2 Portionen* • Kartoffel-Gemüse-Suppe *250 g für 2 Portionen* • Chinakohl-Auflauf *200 g für 2 Portionen* • Minestrone *1 kleine Kartoffel für 2 Portionen* • Kartoffelbrot *100 g für 1 Brot*	104 130 154 128 181

Das ist der gute Rest	Ruck-zuck-Verwertung	Bunte Rezeptideen	Rezept Seite
Nudeln			
Käsespätzle	• Abwechselnd mit in Streifen geschnittenem gekochten Schinken und aufgetautem TK-Rahmspinat in eine Auflaufform schichten, mit etwas geriebenem Emmentaler bestreuen und im Ofen bei 220 °C etwa 15 Minuten backen		
Maultaschen	• In Scheiben schneiden, in verquirltem Ei in der Pfanne braten und mit einem grünen Salat servieren • Mit einer Gemüse-Tomaten-Sauce in eine Auflaufform geben, mit etwas geraspeltem Bergkäse bestreuen, bei 200 °C etwa 30 Minuten überbacken		
Nudelauflauf (fester, mit Eierguss)	• In Scheiben schneiden, in der Pfanne anbraten und mit Tomatensauce und Salat servieren		
Nudeln, chinesische Eiernudeln, gegart	• Als Einlage in eine klare Gemüsesuppe geben • Am Ende der Garzeit zu einem Wokgericht zufügen und kurz unter Rühren erwärmen		
Nudeln, gefüllte (z. B. Ravioli, Tortellini)	• Suppe: In einer kräftigen Fleischbrühe erwärmen und mit Petersilie bestreut servieren • Nudeln mit vegetarischer Füllung zusammen mit einer Bolognesesauce, Nudeln mit Fleischfüllung zusammen mit einer Tomatensauce in eine Auflaufform geben, mit Parmesan bestreuen und im Backofen bei 180 °C etwa 20 Minuten überbacken		
Nudeln, kurze (z. B. Penne, Hörnchennudeln), gegart	• Als Suppeneinlage verwenden • Mit gewürfeltem Schinken und Ei in der Pfanne braten • Nudelschmarrn: Unter einen Pfannkuchenteig mischen und in der Pfanne braten • Krautfleckerl: Zusammen mit Spitzkohlstreifen und gekochtem Schinken in einer Pfanne in Butter schwenken, mit Kümmel abschmecken • Semmelbrösel in Butter in der Pfanne rösten, Nudeln darin schwenken, mit Zimtzucker oder Mohnzucker bestreuen, dazu Apfelmus servieren	• Minestrone *100 g Rohgewicht für 2 Portionen* • Bunter Nudelauflauf *250–300 g für 2 Portionen*	128 156

Das ist der gute Rest	Ruck-zuck-Verwertung	Bunte Rezeptideen	Rezept Seite
Nudeln			
Nudeln, lange (z. B. Spaghetti, Bandnudeln), gegart	• Klein schneiden, mit Eiern und geriebenem Parmesan verrühren, Kräuter und gehackte getrocknete Tomaten oder Oliven untermischen und in Olivenöl braten • Als Nester in kleine ofenfeste Förmchen geben, Tomaten- oder Bolognesesauce darüber verteilen, mit geriebenem Käse bestreuen und im Backofen bei 200 °C etwa 20 Minuten überbacken	• Nudel-Frittata *250–300 g für 1 Portion* 	140
Nudeln mit Bolognesesauce	• In kleine ofenfeste Förmchen geben, mit Fontina belegen, im Backofen bei 200 °C etwa 20 Minuten überbacken, mit Petersilie bestreut servieren • In ausgehöhlte Zucchinihälften geben, mit geriebenem Käse belegen und im Ofen bei 200 °C etwa 30 Minuten überbacken		
Nudeln mit Sahnesauce	• Unter ein Fleischgericht mit Sauce (z. B. Hühnerfrikassee, Geschnetzeltes) mischen		
Nudeln mit Tomatensauce	• Zwiebelwürfel und klein geschnittenes Gemüse nach Wahl (z. B. Paprika, Zucchini) in der Pfanne dünsten, Nudeln mit Tomatensauce zugeben und erwärmen • In einer beschichteten Pfanne mit etwas Öl bei mittlerer Hitze braten, dabei die Nudeln flachdrücken • Piccata milanese: Aufwärmen und als Beilage zu kleinen, panierten Schnitzeln servieren	• Feuriger Nudelauflauf *ca. 350 g für 2 Portionen*	157
Nudelsalat	• In ausgehöhlten Tomaten oder Gurken anrichten		
Spätzle	• ⇢ „Käsespätzle“		

Das ist der gute Rest	Ruck-zuck-Verwertung	Bunte Rezeptideen	Rezept Seite
Brot und Gebäck			
Amaretti	• Fein zerbröseln und unter einen Biskuit- oder Rührkuchenteig mischen • Grob zerbröseln, mit Amaretto beträufeln und abwechselnd mit Vanillepudding, -quark oder geschlagener Sahne und Früchten, Kompott oder Apfelmus in Gläser schichten	• Amarettocreme *50 g für 2 Portionen* • Schnelles Bananen-Eis *75 g für 4 Portionen als Dessert*	174 174
Baguette	• Scheiben toasten oder im Backofen bei 200 °C rösten, mit Geflügelpastete belegen und mit Kirschtomaten garniert servieren • Suppeneinlage: Scheiben in etwas Butter rösten, mit Schnittkäse belegen, im Backofen bei 220 °C gratinieren, zur Suppe geben • Bruschetta: Scheiben bei 200 °C im Backofen rösten, mit halbierter Knoblauchzehe einreiben, mit Olivenöl bepinseln, salzen und pfeffern. Nach Wunsch mit weiteren Zutaten belegen • Salat: Würfeln, mit gutem Weißwein- oder Himbeeressig und Olivenöl beträufeln und unter einen gemischten Salat heben	• Crostini mit Sardellen und Tomaten *4 Scheiben für 2 Portionen als Vorspeise*	99
Baiser	• Zerbröseln und auf Obst (z. B. Bananen in Scheiben, Himbeeren) oder einen Obstsalat streuen • Zerbröseln, evtl. mit etwas Amaretto oder Orangenlikör beträufeln, abwechselnd mit klein geschnittenen Erdbeeren und sehr steif geschlagener Sahne in Gläser schichten		
Bauernbrot	• Bruschetta ···> „Baguette" • Toasten oder im Backofen bei 200 °C rösten, mit grober Leberwurst belegen und mit Cornichons garniert servieren	• Gratinierte Brote à la bolognese *2 Scheiben für 2 Portionen* • Tomaten-Brot-Suppe *125 g für 2 Portionen*	98 123

Das ist der gute Rest	Ruck-zuck-Verwertung	Bunte Rezeptideen	Rezept Seite
Brot und Gebäck			
Blechkuchen mit Obst (z. B. Apfel, Kirsche)	• Auflauf: Würfeln, in eine gebutterte Auflaufform legen und mit Eiermilch (2 Eier auf 200 ml Milch) und gehobelten Mandeln bei 180 °C im Backofen etwa 30 Minuten überbacken		
Brötchen	• Trocknen, reiben und als Semmelbrösel in einem Glas mit Schraubverschluss aufbewahren • Croûtons: In kleine Würfel schneiden und in Butter oder Olivenöl goldbraun rösten. Zu Suppen oder Salaten reichen • Suppeneinlage: Halbieren, in etwas Butter rösten, mit Schnittkäse belegen, im Backofen bei 220 °C gratinieren, zur Suppe reichen • Semmelknödel: In lauwarmer Milch einweichen, gut ausdrücken, mit gedünsteten Zwiebeln und gehackter Petersilie mischen, mit Ei verrühren (1 Ei auf 2 Brötchen), mit Salz und Pfeffer abschmecken, zu Knödeln formen und in Salzwasser etwa 15 Minuten garziehen lassen • Salat ⇢ „Baguette“		
Butterkekse	• ⇢ „Amaretti“ • Zerbröseln und für einen Krümelteigboden verwenden • Minikuchen: Zwei Kekse dünn mit Nuss-Nougat-Creme bestreichen, einen Keks mit Bananenscheiben belegen, mit dem zweiten Keks abdecken	• Schnelles Bananen-Eis *75 g für 4 Portionen als Dessert*	174
Ciabatta	• Bruschetta: ⇢ „Baguette“ • Salat: ⇢ „Baguette“ • Toasten oder im Backofen bei 200 °C rösten, mit Fischpastete belegen und mit einer Kirschtomate und Dill garniert servieren	• Gazpacho *120 g für 2 Portionen*	125
Christstollen	• ⇢ „Blechkuchen“		
Croissant	• ⇢ „Blechkuchen“	• Croissantauflauf *1 Croissant für 2 Portionen als Dessert*	170

Das ist der gute Rest	Ruck-zuck-Verwertung	Bunte Rezeptideen	Rezept Seite
Brot und Gebäck			
Grissini	• Zerbröseln und anstelle von Semmelbrösel verwenden • Mit dünn geschnittenem, luftgetrocknetem Schinken umwickeln		
Hefezopf	• ···› „Blechkuchen“	• Arme Ritter *2 Scheiben für 1 Portion*	169
Knäckebrot	• Zerbröseln, mit gehackter Petersilie, abgeriebener Zitronenschale und geriebenem Parmesan mischen und Gemüsegerichte damit bestreuen		
Laugenbrezel, -brötchen	• Croûtons: In kleine Würfel schneiden und in Butter oder Olivenöl goldbraun rösten. Zu Suppen oder Salaten reichen • Semmelknödel ···› „Kartoffelknödel“		
Lebkuchen	• In Würfel schneiden, evtl. mit Rum beträufeln und für ein Schichtdessert (···› „Amaretti“) verwenden • Glasur entfernen, zerbröseln und für dunkle Saucen zu Wild oder Wildgeflügel verwenden	• Schichtdessert schwarz-rot-weiß (Variation) *100 g für 2 Portionen*	172
Löffelbiskuits	• ···› „Amaretti“ • Zerbröseln und für Krümelteigboden verwenden	• Schnelles Bananen-Eis *75 g für 4 Portionen als Dessert*	174
Mischbrot	• Toasten oder im Backofen bei 200 °C rösten, mit Blauschimmelkäse belegen und mit Aprikosenspalten garniert servieren	• Tomaten-Brot-Suppe *125 g für 2 Portionen*	123
Pfeffernüsse	• ···› „Amaretti“		
Pumpernickel	• Zerkrümeln und in einer Pfanne ohne Fett anrösten, über Fruchtquark streuen • Gut gekühlte Dickmilch in Schälchen verteilen, mit Beeren, braunem Zucker und zerbröseltem Pumpernickel bestreuen	• Schichtdessert schwarz-rot-weiß *100 g für 2 Portionen*	172
Roggenbrot	• Toasten oder im Backofen bei 200 °C rösten, mit Blutwurst belegen und mit Cornichons garniert servieren	• Tomaten-Brot-Suppe *125 g für 2 Portionen*	123

Das ist der gute Rest	Ruck-zuck-Verwertung	Bunte Rezeptideen	Rezept Seite
Brot und Gebäck			
Rosinenbrötchen	• → „Blechkuchen“	• Arme Ritter *2 Scheiben für 1 Portion*	169
Rührkuchen	• In Würfel schneiden, evtl. mit Rum beträufeln und für ein Schichtdessert (→ „Amaretti“) verwenden • Auflauf → „Blechkuchen“		
Salzbrezeln oder Salzstangen	• Hacken, mit zerlassener Butter mischen und zum Gratinieren von Aufläufen verwenden		
Sandkuchen	• → „Rührkuchen“		
Schwarzbrot	• → „Pumpernickel“	• Schichtdessert schwarz-rot-weiß *100 g für 2 Portionen*	172
Semmelbrösel	• Je 1 Esslöffel Semmelbrösel in 1 Esslöffel Butter anrösten, zum Bestreuen von Gemüsegerichten verwenden	• Suppe mit Semmelbrösel-Klößchen *100 g für 2 Portionen* • Reisbällchen *2 Esslöffel für 2 Portionen* • Kartoffelplätzchen *1 Esslöffel für 1 Portion als Beilage* • Hähnchen-Drumsticks mit Tomaten-Avocado-Mais-Salat *1 Esslöffel für 4 Portionen* • Paprika mit würziger Fischfüllung *2 Esslöffel für 2 Portionen*	124 144 147 149 151
Spekulatius	• → „Amaretti“ • Grob zerbröseln und unter Fruchtquark (z. B. mit Orangen) heben	• Schichtdessert schwarz-rot-weiß (Variation) *100 g für 2 Portionen* • Schnelles Bananen-Eis *75 g für 4 Portionen als Dessert*	172 174
Toastbrot	• → „Brötchen“	• Arme Ritter *2 Scheiben für 1 Portion*	169

Das ist der gute Rest	Ruck-zuck-Verwertung	Bunte Rezeptideen	Rezept Seite
Brot und Gebäck			
Toastbrot (Forts.)	• Croque Monsieur: Zwei Toastbrote mit Quark oder Ricotta bestreichen, mit Salz, Pfeffer und Kräutern bestreuen, nach Geschmack zusätzlich eine Scheibe Schnittkäse, Mozzarella oder Schinken auf die Brote legen, zusammenklappen, gut festdrücken und in Butter in einer beschichteten Pfanne bei mäßiger Hitze goldbraun backen		
Tortelett aus Mürbeteig	• Zerbröseln und für einen Krümelteigboden verwenden • Zerbröseln und zum Ausstreuen von Auflaufformen oder mit Butter zu Streuseln verkneten und zum Gratinieren von süßen Aufläufen verwenden		
Vollkornbrot	• Croûtons: Würfeln, in Butter rösten und auf einen deftigen Gemüseeintopf oder eine Kartoffelsuppe streuen • Anstelle von Toastbrot für einen überbackenen Toast (z. B. Toast Hawaii) verwenden		
Weißbrot	• ⇢ „Brötchen“ • Croque Monsieur ⇢ „Toast“ • Auflauf: Würfeln, zusammen mit in Spalten geschnittenen Aprikosen aus der Dose in eine gebutterte Auflaufform legen und mit Eiermilch (2 Eier auf 200 ml Milch) und gehobelten Mandeln bei 180 °C im Backofen etwa 30 Minuten überbacken, mit Puderzucker überstäubt servieren	• Crostini mit Sardellen und Tomaten *2 Scheiben für 2 Portionen als Vorspeise* • Gazpacho *120 g für 2 Portionen* • Arme Ritter *2 Scheiben für 1 Portion*	99 125 169
Zwieback	• Zerbröseln und anstelle von Semmelbröseln verwenden • Zerbröseln und zum Ausstreuen von Auflaufformen oder mit Butter zu Streuseln verkneten und zum Gratinieren von süßen Aufläufen verwenden		

Das ist der gute Rest	Ruck-zuck-Verwertung	Bunte Rezeptideen	Rezept Seite
Reis und Getreide(-produkte)			
Bulgur, gegart	• ⇢ „Couscous“		
Cornflakes, ungesüßt	• Fein zerkrümeln und anstelle von Semmelbröseln zum Panieren von Geflügel oder Fisch verwenden • Fein zerkrümeln und anstelle von Semmelbröseln unter einen Hackfleischteig mischen • Zerbröseln und für einen Krümelteigboden verwenden (einen Teil der Kekse durch Cornflakes ersetzen)	• Knusprige Schokohäufchen *120 g für ca. 70 Stück*	178
Couscous, gegart	• Als Einlage in eine klare Suppe rühren • Salat: Mit fein gewürfeltem Gemüse mischen (z. B. Möhren, Gurken, Paprika), mit Zitronensaft, Knoblauch, Olivenöl, Salz, Pfeffer und Kräutern abschmecken. Dazu Fladenbrot und Joghurtdip servieren		
Glasnudeln, gegart	• Für ein asiatisch gewürztes Wokgericht oder einen Salat (z. B. mit Chinakohl, Garnelen, Sesam) verwenden • Mit Ei in der Pfanne anbraten, mit Sojasauce würzen • In heißem Fett frittieren und zusammen mit gebratenen Garnelen auf Blattsalat anrichten	• Asia-Rollen mit Glasnudel-Nuss-Füllung *250 g für 4 Portionen*	143
Grießbrei	• In Scheiben schneiden, in Butter in der Pfanne anbraten und mit Kompott servieren		
Haferflocken, blütenzarte 	• Anstelle von Semmelbröseln unter Hackfleischteig mischen • Bis zu ein Drittel des Mehls in einem Rührkuchenteig durch Haferflocken ersetzen	• Heidelbeer-Bananen-Müsli *20 g für 1 Portion* • Kartoffelplätzchen (Variation) *1 Esslöffel für 1 Portion als Beilage*	93 147
Haferflocken, Instant	• Zum Binden von Suppen und Saucen • Unter Milchmixgetränke rühren	• Kiwi-Kefir-Drink *1 Esslöffel für 1 Portion* • Mango-Multivitamindrink *50 g für 2 Portionen*	166 167

Das ist der gute Rest	Ruck-zuck-Verwertung	Bunte Rezeptideen	Rezept Seite
Reis und Getreide(-produkte)			
Haferflocken, kernige	• Dessert: Mit Zucker oder Honig in etwas Butter rösten • Anstelle von Semmelbröseln zum Panieren verwenden • Zum Gratinieren von Aufläufen verwenden	• Bircher Müsli *3–4 Esslöffel für 1 Portion* • Single-Müsli *3 Esslöffel für 1 Portion* • Bunte Fischstäbchen *70 g für 2 Portionen*	94 93 139
Hirse, gegart	• Mit gehackten Kräutern mischen und über einen Salat streuen • Mit Joghurt oder Quark und Früchten mischen • Bratlinge: Mit Ei mischen (1 Ei auf ca. 100 g Hirse), mit Zwiebelwürfeln verrühren, mit Kräutern, Salz und Pfeffer würzen, zu kleinen Bratlingen formen und in der Pfanne goldbraun braten		
Knuspermüsli	• Fein zerbröseln und für einen Krümelkeksboden verwenden • Als Füllung für Bratäpfel verwenden	• Knusprige Schokohäufchen (Variation) *75 g für ca. 70 Stück*	178
Langkornreis, gegart	• Als Suppeneinlage für klare Suppen oder pürierte Gemüsesuppen verwenden • Frikadellen: Bis zu 1/3 des Hackfleisches durch Reis ersetzen • Zusammen mit verquirltem Ei in der Pfanne braten (evtl. zusätzlich Möhrenraspel, Schinkenwürfel, gedünstete Zwiebeln untermischen)	• Reisbällchen *200 g für 2 Portionen* • Gratinierte Tomaten mit Rosmarin-Walnuss-Pesto *2 Esslöffel für 2 Portionen*	144 162
Milchreis	• Mit etwas Sahne geschmeidig rühren, abwechselnd mit Kirschkompott in Gläser schichten, mit etwas geriebener Zartbitterschokolade bestreuen	• Milchreisauflauf *1 Portion zubereiteter Milchreis für 2 Portionen*	171
Müslimischung, mit Früchten	• Einige Esslöffel unter einen Rührkuchenteig mischen • In der Pfanne leicht anrösten und Obstquark damit bestreuen		

Das ist der gute Rest	Ruck-zuck-Verwertung	Bunte Rezeptideen	Rezept Seite
Reis und Getreide(-produkte)			
Müslimischung, mit Früchten (Forts.)	• Einige Esslöffel unter einen Rührkuchenteig mischen • In der Pfanne leicht anrösten und Obstquark damit bestreuen		
Müslimischung, mit Nüssen	• Als Füllung für Bratäpfel verwenden • Im Mixer oder mit einem Schneidstab zerkleinern und für Butterstreusel verwenden (einen Teil des Mehls durch Müsli ersetzen)	• Knusprige Schokohäufchen (Variation) *120 g für ca. 70 Stück*	178
Naturreis, gegart	• ⇢ „Langkornreis“	• Reisbällchen *200 g für 2 Portionen*	144
Polenta, gegart	• In Scheiben schneiden, in Butter in der Pfanne braten, mit mediterranen Kräutern bestreuen • In Scheiben schneiden, im Backofen bei 200 °C mit Tomaten- oder Hackfleischsauce und Fontina überbacken		
Reisnudeln	• ⇢ „Glasnudeln“		
Risotto	• Mit Parmesan bestreuen und mit Butterflöckchen belegt im Backofen bei 200 °C etwa 20 Minuten gratinieren (kleine Mengen in ausgehöhlte Tomaten füllen) • In blanchierte Spitzkohl- oder Chinakohlblätter einschlagen und in Brühe garen, bis der Kohl weich ist		
Semmelknödel	• In Scheiben schneiden und in Butterschmalz in der Pfanne anbraten, evtl. vorher in verquirltem Ei und Semmelbröseln panieren • In Streifen schneiden, mit reichlich Zwiebeln und Schinkenstreifen in der Pfanne anbraten, verquirltes Ei dazugeben und stocken lassen, mit Schnittlauch bestreut servieren		
Weizenkeime, -kleie	• Einige Esslöffel anstelle von Mehl für einen Rührkuchenteig verwenden		

Das ist der gute Rest	Ruck-zuck-Verwertung	Bunte Rezeptideen	Rezept Seite
Eier			
Crêpes (mit Zucker)	• Mit Apfelmus oder Marmelade bestreichen, zusammenrollen und im Backofen erwärmen		
Crêpes (ohne Zucker)	• Flädlesuppe: Zusammenrollen, in feine Streifen schneiden und in Brühe erwärmen • Vorspeise: Dünn mit Crème fraîche bestreichen, mit Räucherlachs belegen, mit Dill bestreuen, zusammenrollen, in 2 cm dicke Scheiben schneiden und mit kleinen Spießen feststecken		
Eier, frisch, kleine Mengen	• Pochieren (in Essigwasser ca. 4 Minuten gar ziehen lassen) und auf Gemüse, z. B. Spinat, anrichten • In einer klaren Suppe einige Minuten gar ziehen lassen • Hart kochen und ... → „Eier, hart gekocht“	• Suppe mit Semmelbrösel-Klößchen *1 Ei für 2 Portionen* • Erbsen-Zitronen-Suppe *1 Ei für 2 Portionen* • Arme Ritter *1 Ei für 1 Portion*	124 126 169
Eier, hart gekocht	• Achteln und für einen bunten Salat verwenden • In Scheiben schneiden, auf gebuttertes Vollkornbrot legen, mit Kresse bestreuen • Eigelb zerdrücken, unter eine Vinaigrette für einen Blattsalat mischen, Eiweiß hacken und über den Salat streuen • Eigelb zerdrücken, mit etwas Senf und Kräutern verrühren, zurück in die Eierhälften geben und nach Wunsch garnieren (z. B. mit einer Olive, Sardellenfilet, Kirschtomate)	• Eiersauce *2 Eier für 2 Portionen* 	111
Eigelb	• Suppeneinlage: Pro Portion 1 Eigelb unter die heiße Brühe ziehen (nicht mehr kochen) • Zum Binden von Saucen (nicht mehr kochen)	• Kartoffelplätzchen *1 Eigelb für 1 Portion als Beilage* • Obst-Crumble *1 Eigelb für 2 Portionen als Dessert*	147 175

Das ist der gute Rest	Ruck-zuck-Verwertung	Bunte Rezeptideen	Rezept Seite
Eier			
Eiweiß	• Baiser: 1 Eiweiß mit 100 g Zucker und 1 Prise Vanillemark steif schlagen. Mit einem Spritzbeutel mit Sterntülle auf ein Backblech spritzen und bei 120 °C im Backofen ca. 60 Minuten backen (da der Energieaufwand bei kleinen Mengen recht groß ist, besser mehrere Eiweiß tiefgefroren sammeln, auftauen und dann eine größere Menge zubereiten) • In der Pfanne braten, als Brotbelag oder in Streifen geschnitten zu Gemüse geben		
Pfannkuchen	• Mit Tomatensauce oder Gemüse füllen, zusammenklappen, mit Käsestückchen (z. B. Mozzarella, Fontina) bestreuen und im Backofen bei 220 °C etwa 20 Minuten backen		
Rührei	• Zusammen mit ½ Forellenfilet auf ein gebuttertes Schwarzbrot legen, mit Schnittlauch bestreuen		

Das ist der gute Rest	Ruck-zuck-Verwertung	Bunte Rezeptideen	Rezept Seite
Milchprodukte und Käse			
Blauschimmelkäse (z. B. Bavaria blu, Gorgonzola, Roquefort)	• Zerdrücken, mit Butter oder Quark verrühren, als Brotaufstrich verwenden 	• Blattsalat mit Mais und Putenbrust *ca. 50 g für 2 Portionen* • Salatsauce mit Blauschimmelkäse *80 g für 4 Portionen als Salatsauce oder 2 Portionen als Dip*	103 110
Buttermilch	• Mixgetränk: Mit Früchten und etwas Puderzucker pürieren • Frühstück: Mit Beeren und Knuspermüsli servieren • Zur Zubereitung von Salatdressings verwenden		

Das ist der gute Rest	Ruck-zuck-Verwertung	Bunte Rezeptideen	Rezept Seite
Milchprodukte und Käse			
Crème fraîche	• Zum Binden von Suppen oder Saucen • Anstelle von Butter als Brotaufstrich verwenden • Mit fettarmem Joghurt und Kräutern gemischt zur Zubereitung von Salatdressing verwenden • Mit Magerquark und Früchten mischen • Mit Joghurt verrühren, mit Minze und Zucker abschmecken und zu Obstsalat servieren	• Fruchtiger Rote-Bete-Salat *50 g für 2 Portionen* • Forellenpüree *1 Esslöffel für 2 Portionen als Vorspeise* • Bunte Restequiche *100 g für 2 Portionen* • Möhrensauce *2 kleine Möhren für 1 Portion*	101 120 160 113
Extrahartkäse (z. B. Grana padano, Parmesan, Manchego, Pecorino)	• Reiben und zum Überbacken von Gemüse oder Gnocchi verwenden • Reiben und unter ein Nudelgericht oder Risotto rühren 	• Gratinierte Brote à la Bolognese *2 Esslöffel für 2 Portionen* • Grundrezept Pesto *1 Esslöffel für 2 Portionen* • Grüner Risotto *1 Esslöffel für 1 Portion* • Kartoffel-Mix *1 Esslöffel für 2 Portionen* • Gratinierte Tomaten mit Rosmarin-Walnuss-Pesto *1 Esslöffel für 2 Portionen*	98 116 142 153 162
Frischkäse	• Unter eine Tomatensauce oder -suppe rühren • Zu Bällchen formen und in gehackten Kräutern oder Sesam wälzen	• Joghurt-Kräuter-Sauce *1 Esslöffel für 2 Portionen als Salatsauce oder 1 Portion als Dip*	109
Frischkäse, körniger	• Mit etwas Pesto (Fertigprodukt oder ····> Rezept Seite 116) verrühren • Mit etwas Joghurt und Kräutern mischen, mit Salz und Pfeffer würzen und in Tomaten füllen		
Hartkäse (z. B. Emmentaler, Bergkäse, Gruyère)	• Reiben und zum Gratinieren von Aufläufen verwenden • Schnelle Käsespätzle: Reiben und mit etwas Butter unter die noch heißen Spätzle mischen	• Kartoffel-Gemüse-Küchlein *2 Esslöffel für 2 Portionen oder 4 Portionen als Beilage* • Käseschnecken *50 g für 12 Stück*	146 180

Das ist der gute Rest	Ruck-zuck-Verwertung	Bunte Rezeptideen	Rezept Seite
Milchprodukte und Käse			
Hartkäse, ausgetrocknet	• Brotaufstrich: Sehr fein reiben, mit weicher Butter und Kräutern mischen	• Käseschnecken *50 g für 12 Stück*	180
Joghurt 	• Zum Binden von Suppen oder Saucen (mit etwas Speisestärke verrühren, damit der Joghurt nicht ausflockt) • Für ein Salatdressing verwenden • Ayran (türkisches Joghurtgetränk): Joghurt mit der gleichen Menge kohlensäurehaltigem Mineralwasser mischen, mit Salz abschmecken, evtl. mit Minze servieren	• Joghurt-Kräuter-Sauce *75 g für 2 Portionen als Salatsauce oder 1 Portion als Dip* • Käsecreme *1 Esslöffel für 1 Portion* • Fruchtiger Rote-Bete-Salat *100 g für 2 Portionen*	109 112 101
Joghurt mit Früchten	• Mixgetränk: Zusammen mit Milch pürieren • Mit Haferflocken oder Müslimischung und frischen Früchten bestreuen	• Blattsalat mit Mais und Putenbrust *100 g für 2 Portionen*	103
Kefir	• ····› „Buttermilch“		
Kräuterquark	• Als Dip zu Rohkost oder Ofenkartoffeln (evtl. verlängert durch Quark oder Joghurt und frische Kräuter) servieren		
Mascarpone	• Zum Verfeinern von Saucen verwenden • Mit etwas Puderzucker und Zitronensaft oder mit Amaretto verrühren und zu Obstsalat oder Erdbeeren servieren		
Mozzarella	• Vorspeise: Mozzarella in Scheiben mit Tomaten, Erdbeeren oder Kiwis anrichten, mit weißem Balsamico beträufeln, mit Pfeffer und Basilikum bestreuen • Für Pizzen, zum Überbacken von Aufläufen verwenden • Überbackene Baguettebrötchen: Gehackte Tomaten, Basilikum, Salz, Pfeffer und Olivenöl auf Baguettebrötchen geben, mit Mozzarellascheiben belegen und im Backofen bei 200 °C etwa 20 Minuten überbacken • Croque Monsieur ····› „Quark“	• Kartoffel-Mix *½ Kugel für 2 Portionen* • Gratinierte Tomaten mit Rosmarin-Walnuss-Pesto *½ Kugel für 2 Portionen*	153 162
Parmesan	• ····› „Extrahartkäse“		

Das ist der gute Rest	Ruck-zuck-Verwertung	Bunte Rezeptideen	Rezept Seite
Milchprodukte und Käse			
Quark	• Mit Kräutern, gehackten Radieschen oder Gurken mischen, mit Salz und Pfeffer abschmecken und als Dip zu Ofenkartoffeln oder Rohkost servieren • Mit etwas Pesto (Fertigprodukt oder nach Rezept, → Seite 116) verrühren • Croque Monsieur: Zwei Toastbrote mit einigen Esslöffeln Quark oder Ricotta bestreichen, mit Salz, Pfeffer und Kräutern bestreuen, nach Geschmack zusätzlich eine Scheibe Schnittkäse, Mozzarella oder Schinken auf die Brote legen, zusammenklappen, gut festdrücken und in Butter in einer beschichteten Pfanne bei mäßiger Hitze goldbraun backen • Dessert: Auf frisches Obst oder Kompott in einem Glas schichten, mit grobem Zucker, Schokoraspeln oder gerösteten Mandelblättern bestreuen	• Käsecreme *50 g für 1 Portion* • Forellenpüree *2 Esslöffel für 2 Portionen als Vorspeise* • Bunte Restequiche *140 g für 2 Portionen* • Joghurt-Kräuter-Sauce *1 Esslöffel für 2 Portionen als Salatsauce oder 1 Portion als Dip*	112 120 160 109
Ricotta	• Croque Monsieur → „Quark“ 	• Traubensandwich *4 Esslöffel für 2 Portionen* • Bunte Restequiche *100 g für 2 Portionen*	97 160
Sahne, saure	• Salatsauce: Mit fettarmem Joghurt verrühren, mit Zitronensaft, Kräutern, Salz und Pfeffer abschmecken • Zum Binden von Suppen oder Saucen (mit etwas Speisestärke verrühren, damit der Joghurt nicht ausflockt)	• Erbsen-Zitronen-Suppe *2 Esslöffel für 2 Portionen* • Bunte Restequiche *100 g für 2 Portionen*	126 160
Sahne, süße	• Zum Binden von Suppen oder Saucen • Zum Verfeinern von süßen Quarkspeisen oder Milchreis	• Bunte Restequiche *100 g für 2 Portionen*	160
Sahne, süße, geschlagen	• Je einen Klecks auf einen Teller Tomaten- oder Gemüsecremesuppe geben		

Das ist der gute Rest	Ruck-zuck-Verwertung	Bunte Rezeptideen	Rezept Seite
Milchprodukte und Käse			
Sauermilchkäse (z. B. Harzer, Korbkäse)	• In dünne Scheiben schneiden, mit Kräutervinaigrette beträufeln und unter einen grünen Salat mischen		
Schafskäse	• Leicht zerdrücken, mit etwas Joghurt und Kräutern nach Wunsch mischen, mit Pfeffer würzen und in Tomaten füllen • Mit Rahmspinat (TK) in Blätterteigquadrate füllen, mit Pfeffer würzen, zu Dreiecken zusammenklappen, mit Eiermilch bestreichen und im Backofen bei 200 °C etwa 30 Minuten goldbraun backen • Vorspeise/Snack: Zusammen mit Tomaten, Kapern, evtl. Peperoni und Oliven zu Brot und Öl servieren	• Schafskäse-Brötchen *40 g für 1 Portion* • Linsen-Aufstrich *50 g für 2 Portionen*	96 118
Schnittkäse, halbfest (z. B. Bel Paese, Butterkäse, Edamer, Fontina, Gouda, Leerdamer, Tilsiter)	• Zum Überbacken von Toasts oder Aufläufen verwenden • Reiben und zum Bestreuen von Nudelgerichten verwenden • Würfeln oder in Streifen schneiden, auf Blattsalaten servieren oder unter Nudel- oder Reissalate heben • Pastasauce: Käse reiben, in Sahne schmelzen lassen, mit Kräutern abschmecken • Croque Monsieur ⇢ „Quark“	• Chinakohl-Auflauf *80 g Schnittkäse für 2 Portionen* • Bunter Nudelauflauf *50 g für 2 Portionen*	154 156
Schmelzkäse	• Zum Überbacken von Toasts • Sauce: In Sahne schmelzen		
Schokoladen-pudding	• Mit steif geschlagener Sahne oder Quark verlängern • Schichtdessert: Mit zerbröselten Keksen und Beeren abwechselnd in Gläser füllen		
Vanillepudding	• ⇢ „Schokoladenpudding“		
Weichkäse mit Rotflora (z. B. Munster, Weinkäse, Romadur, Limburger)	• Sauce zu Pasta oder Gemüse: Ohne Rinde in Sahne schmelzen		
Weichkäse mit Weißflora (z. B. Brie, Camembert)	• Sauce zu Pasta oder Gemüse: Entrinden, würfeln, in Sahne schmelzen lassen • Brotaufstrich: Ohne Rinde zerdrücken, mit Quark, Schnittlauchröllchen und Paprikapulver verrühren		

Das ist der gute Rest	Ruck-zuck-Verwertung	Bunte Rezeptideen	Rezept Seite
Milchprodukte und Käse			
Ziegenfrischkäse	• Zu Bällchen formen und in gehackten Kräutern oder Sesam wälzen • Einige Esslöffel unter eine Gemüsecremesuppe rühren • Als Vorspeise mit Tomaten, Kapern, Brot und Öl servieren	• Gefüllte Birne *2 Esslöffel für 1 Portion als Vorspeise* • Käsecreme *50 g für 1 Portion* • Käseschnecken *100 g für 12 Stück*	105 112 180
Ziegenkäse	• ⟶ „Schnittkäse, halbfest“	• Schafskäse-Brötchen *40 g für 1 Portion*	196
Ziegenmilch		• Minz-Joghurt-Drink *50 ml für 2 Portionen*	165

Das ist der gute Rest	Ruck-zuck-Verwertung	Bunte Rezeptideen	Rezept Seite
Fleisch, Geflügel, Wild			
Braten (Fettrand entfernt)	• Sandwichbelag oder Tortillafüllung (Wrap): Dünn schneiden, mit Fertigsauce oder Senf, sauren Gurken oder Rohkost kombinieren • Bauernomelett: Würfeln und zusammen mit gedünsteten Zwiebeln, gegarten Kartoffelscheiben und gewürfelten sauren Gurken mischen, mit verquirlten Eiern in der Pfanne braten, salzen und pfeffern	• Schneller Linsensalat *250 g Schweinebraten für 2 Portionen* • Kartoffel-Fleisch-Pfanne *200 g für 2 Portionen* • Chinakohl-Auflauf *100 g für 2 Portionen*	104 137 154
Filet (Schwein, Kalb oder Rind)	• Vorspeise: In feine Streifen schneiden, mit Rucola und Kirschtomaten auf Tellern anrichten, mit Vinaigrette beträufeln und mit gehobeltem Parmesan servieren		

Das ist der gute Rest	Ruck-zuck-Verwertung	Bunte Rezeptideen	Rezept Seite
Fleisch, Geflügel, Wild			
Frikadellen (Buletten, Fleisch-pflanzerl)	• In Würfel schneiden, zusammen mit Schafskäsewürfeln und Oliven oder Kirschtomaten auf Spießchen stecken • In Würfel schneiden und unter einen Kartoffel-Gemüse-Auflauf geben • Zusammen mit Salatstreifen, Joghurt-dressing und Radieschenscheiben in Pita-Brottaschen füllen • Hamburger: Mit einer Scheibe Fontina oder Mozzarella belegen, im Backofen erwärmen, bis der Käse geschmolzen ist, mit Salatblättern und Tomatenscheiben auf ein Brötchen legen		
Frikassee vom Huhn oder Kalb	• Mit gegartem Erbsen-Möhren-Gemüse (TK) mischen, in Blätterteigpastetchen füllen und im Backofen erwärmen		
Geschnetzeltes	• Pastasauce: Fleischstücke etwas kleiner schneiden, Champignons und Zwiebeln in der Pfanne andünsten, Fleisch dazugeben, Sauce mit Sahne verlängern und mit gehackten Kräutern abschmecken • Pastasauce: Fein hacken und unter eine Sauce bolognese mischen	• Buntes Curry-Gemüse-Geschnetzeltes *100 g für 1 Portion*	131
Grillfleisch	• Sandwichbelag oder Tortillafüllung (Wrap): In dünne Scheiben schneiden, mit Fertigsauce oder Senf, sauren Gurken oder Rohkost kombinieren • Reichlich Zwiebelringe in der Pfanne anbraten, Fleisch und eine Grillsauce (auf Tomatenbasis) dazugeben, erwärmen, dazu Salat und Baguette servieren	• Kartoffel-Fleisch-Pfanne *200 g für 2 Portionen* • Bunte Reste-quiche *50 g für 2 Portionen*	137 160
Gulasch	• Eintopf: Gehackte Zwiebel, Möhren und Paprika in Öl anbraten, in Brühe garen, Gulasch unterheben, mit Majoran und Paprikapulver abschmecken und mit saurer Sahne garnieren • Pastasauce: Kleine Mengen fein hacken und unter eine Sauce bolognese mischen, mit Paprikapulver pikant abschmecken		

Das ist der gute Rest	Ruck-zuck-Verwertung	Bunte Rezeptideen	Rezept Seite
Fleisch, Geflügel, Wild			
Hähnchenfleisch, gegart, Haut entfernt	• Als Suppeneinlage in Gemüsesuppen verwenden • Unter einen Nudel- oder Reissalat mischen • Auf Blatt- oder Rohkostsalaten anrichten • Sandwichbelag oder Tortillafüllung (Wrap): In Stücke schneiden, mit Mandarinen-, Mangospalten oder Ananasstücken, Blattsalatstreifen und Joghurtdressing mischen, mit Salz und Pfeffer abschmecken • Mit Rahmspinat (TK) in Blätterteigquadrate füllen, mit Pfeffer würzen, zu Dreiecken zusammenklappen, mit Eiermilch bestreichen und im Backofen bei 200 °C etwa 25 Minuten goldbraun backen	• Kleine Gemüsesülze *100 g für 2 Portionen als Vorspeise* • Bunte Restequiche *50 g für 2 Portionen*	107 160
Hähnchenschnitzel	• Brötchenbelag: In Streifen schneiden, mit Salatblättern, Rohkost und Würzsauce kombinieren • Fein geschnittenes Gemüse im Wok rühren, in Streifen geschnittenes Hähnchenschnitzel und gehackten Ingwer zufügen, dazu Reis servieren	• Bunte Restequiche *50 g für 2 Portionen*	160
Kalbsbrust, gefüllt	• In Scheiben schneiden und – evtl. paniert – in der Pfanne braten		
Kasseler	• Würfeln und unter einen Hülsenfrüchteeintopf mischen • Würfeln, anbraten und unter Wirsing, Spitzkohl oder Sauerkraut mischen	• Chinakohl-Auflauf *100 g für 2 Portionen* • Bunte Restequiche *50 g für 2 Portionen*	154 160
Kotelett	• Würfeln, zusammen mit Zwiebelwürfeln in Öl anbraten, gewürfelte Pellkartoffeln zufügen, mit Essig, Salz, Pfeffer und Paprikapulver abschmecken		
Lammbraten oder -kotelett	• Fein hacken und zusammen mit Feta, gehacktem Rosmarin und Tomatenwürfeln in Blätterteigtaschen füllen und im Backofen bei 180 °C etwa 25 Minuten backen		

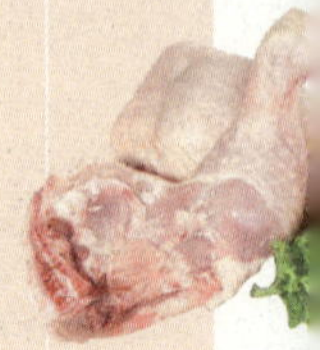

Das ist der gute Rest	Ruck-zuck-Verwertung	Bunte Rezeptideen	Rezept Seite
Fleisch, Geflügel, Wild			
Lammbraten oder -kotelett (Forts.)	• Burger: In Scheiben schneiden und zusammen mit Salatblättern, Feta, Tomatenscheiben, etwas Joghurtdressing und Minzeblättchen auf einem Brötchen anrichten		
Leber, gebraten	• Brotaufstrich: In feine Streifen schneiden, mit etwas Butter und Sahne verrühren, mit Majoran, Salz und Pfeffer abschmecken und zusammen mit gedünsteten Apfelspalten auf Brot servieren		
Putenbraten	• ⟶ „Hähnchenfleisch, gegart, Haut entfernt“	• Blattsalat mit Mais und Putenbrust *80 g für 2 Portionen*	103
Putenbrust, geräuchert	• ⟶ „Hähnchenfleisch, gegart, Haut entfernt“	• Blattsalat mit Mais und Putenbrust *80 g für 2 Portionen* • Bunte Restequiche *50 g für 2 Portionen*	103 160
Putenschnitzel	• ⟶ „Hähnchenschnitzel“	• Bunte Restequiche *50 g für 2 Portionen*	160
Putengeschnetzeltes	• Mit gegartem Erbsen-Möhren-Gemüse (TK) mischen, in Blätterteigpastetchen füllen und im Backofen erwärmen		
Rindfleisch, gekocht (z. B. Tafelspitz)	• Suppeneinlage: Fein würfeln und in klarer Suppe erwärmen	• Kartoffel-Fleisch-Pfanne *200 g für 2 Portionen*	137
Rindsroulade	• Auflauf: Fein würfeln, mit gekochtem Reis und Gemüse mischen, mit einer Eiermilch übergießen und im Backofen bei 200 °C etwa 30 Minuten backen		

Das ist der gute Rest	Ruck-zuck-Verwertung	Bunte Rezeptideen	Rezept Seite
Fleisch, Geflügel, Wild			
Sauce bolognese	• Als Füllung für Gemüse (evtl. gemischt mit gegartem Reis) verwenden, mit Kräutern würzen, mit etwas geriebenem Käse bestreuen und im Backofen gratinieren	• Gratinierte Brote à la bolognese *1 Portion zubereitete Soße für 2 Portionen* • Kartoffel-Mix *4 Esslöffel für 2 Portionen*	98 153
Schnitzel (Kalb oder Schwein), natur, gebraten 	• Sandwichbelag oder Tortillafüllung (Wrap): In Streifen schneiden, mit Chicoréestreifen, Mandarinenspalten und einer fettarmen Salatcreme mischen • In kleine Stücke schneiden, etwas rohen Schinken und ½ Salbei- oder Basilikumblatt auf dem Fleisch feststecken und in Brühe oder Sauce in der Pfanne erwärmen, dazu Bandnudeln servieren	• Rindfleisch-Rosenkohl-Pfanne (Variation) *200 g Schweineschnitzel für 2 Portionen* • Kartoffel-Fleisch-Pfanne *200 g für 2 Portionen* • Bunte Reste-quiche *50 g für 2 Portionen*	138 137 160
Schnitzel (Kalb oder Schwein), paniert	• Brötchenbelag: In Streifen schneiden, mit Salatblättern, Rohkost und Fertigsauce kombinieren		
Steak, gebraten oder gegrillt	• Toast: Auf ein getoastetes Brot legen, mit Tomaten- und Mozzarellascheiben belegen und unter dem Backofengrill bei 200 °C etwa 5 Minuten gratinieren, mit Kräutern bestreut servieren • In dünne Streifen schneiden, unter einen Reissalat mischen	• Rindfleisch-Rosenkohl-Pfanne *200 g für 2 Portionen* • Bunte Reste-quiche *50 g für 2 Portionen*	138 160
Wildfleisch (Hase, Hirsch, Reh, Wildschwein), gegart	• In dünne Scheiben schneiden, als Carpaccio auf einem Teller anrichten und mit gebratenen Pilzen und Kräutervinaigrette servieren • In Stücke schneiden, mit Zwiebelwürfeln (und eventuell Resten von gegarten Knödeln oder Klößen, in Stücke geschnitten) in der Pfanne braten, verquirltes Ei zufügen und stocken lassen		

Das ist der gute Rest	Ruck-zuck-Verwertung	Bunte Rezeptideen	Rezept Seite
Fleisch, Geflügel, Wild			
Wildgeflügel (Fasan, Rebhuhn, Ente, Wildtaube), gebraten	• Schnelle Asiasuppe: Lauchringe andünsten, mit Brühe aufgießen, Wildgeflügel und eingeweichte Glasnudeln darin erwärmen, nach Geschmack mit Chili und Sojasauce würzen, mit Korianderblättchen bestreuen		

Das ist der gute Rest	Ruck-zuck-Verwertung	Bunte Rezeptideen	Rezept Seite
Wurstwaren, Schinken, Speck			
Blutwurst	• Zusammen mit Zwiebelringen in der Pfanne braten und mit Kartoffeln und Apfelmus oder Sauerkraut servieren		
Bratwurst, roh	• Suppeneinlage: Das Brät herausdrücken und zu Klößchen formen, in einer klaren Suppe erwärmen • Das Brät herausdrücken und anstelle von Hackfleisch für Frikadellen verwenden	• Feuriger Nudelauflauf *1 Bratwurst für 2 Portionen*	157
Bratwurst, gebraten oder gegrillt	• ⇢ „Grillfleisch"		
Corned Beef	• Brotaufstrich: Hacken und mit gewürfelter Gurke, Zwiebelwürfeln und Senf verrühren		
Dauerwurst (z. B. Landjäger, Salami oder Chorizo)	• Würfeln und zusammen mit gehackter Petersilie unter verquirltes Ei mischen und in der Pfanne braten • Fein würfeln und für einen Gemüse-, einen Hülsenfrüchteeintopf oder eine Quiche verwenden • Anstelle von Speckwürfeln zum Andünsten von Gemüsebeilagen verwenden • Kleine Vorspeise: Wurstscheiben mit Spießchen auf Pfirsich- oder Honigmelonenspalten feststecken • Zusammen mit gegarten Kartoffelscheiben, Zwiebelringen, Knoblauchwürfelchen und Paprikastreifen in der Pfanne braten	• Bunte Restepizza *100 g für 2 Portionen* • Bunte Tortilla *80 g für 1 Portion* • Kartoffelgulasch *100 g für 2 Portionen*	158 145 133
Frischwurst (z. B. Bierschinken, Fleischwurst, Lyoner Jagdwurst)	• Für einen bunten Salat, z. B. mit grünem Salat, geraspelten Möhren und Eiern, verwenden	• Kartoffelgulasch *100 g für 2 Portionen*	133

Das ist der gute Rest	Ruck-zuck-Verwertung	Bunte Rezeptideen	Rezept Seite
Wurstwaren, Schinken, Speck			
Frischwurst (z. B. Bierschinken, Fleischwurst, Lyoner Jagdwurst) (Forts.)	• Würfeln oder in Streifen schneiden und unter einen Kartoffel- oder Nudelsalat heben • Fein würfeln, mit Joghurt und Schnittlauchröllchen verrühren, mit Salz und Pfeffer abschmecken und als Füllung für Tomaten oder Gurken verwenden		
... gewürfelt	• Für ein Kartoffelgratin oder eine Gemüsesuppe verwenden		
... in Scheiben	• Krautbrot: Wurstscheiben mit Tomatenscheiben, Krautsalat und mit geriebenem Käse verrührtem Schmand auf ein geröstetes Bauernbrot schichten und unter dem Backofengrill bei 200 °C etwa 7 Minuten gratinieren		
Leberkäse	• In Würfel schneiden und unter einen Kartoffelsalat mischen • In Würfel schneiden, mit Zwiebeln anbraten und einer Kartoffelsuppe beigeben		
Leberwurst, fein	• Brotaufstrich: Mit Sahne und Thymian verrühren, auf Pumpernickeltalern anrichten • Blätterteigquadrate (TK) mit Leberwurst bestreichen, von einer Ecke aus zusammenrollen, zu Hörnchen formen und mit Eiermilch bestrichen im Backofen bei 200 °C etwa 15 Minuten goldbraun backen		
Leberwurst, grob	• Bauernbrot rösten, mit grober Leberwurst belegen und mit Cornichons garniert servieren		
Mettwurst	• In einer Kartoffel-Gemüse-Pfanne mitbraten • Für eine Gemüsequiche oder einen Flammkuchen verwenden		
Schinken, gekocht	• Schinkenwürfel oder -streifen zusammen mit Kräutern unter verquirltes Ei mischen, in der Pfanne als Rührei braten • Schinkenwürfel oder -streifen unter einen Nudelsalat mischen	• Blattsalat mit Mais und Putenbrust (Variation) *80 g für 2 Portionen*	103

Das ist der gute Rest	Ruck-zuck-Verwertung	Bunte Rezeptideen	Rezept Seite
Wurstwaren, Schinken, Speck			
Schinken, gekocht (Forts.)	• Schinkenfleckerl: Schinkenscheiben in Streifen schneiden und mit gekochten Nudeln in etwas Butter in der Pfanne erwärmen, salzen, pfeffern und mit Petersilie bestreuen • Toast Hawaii: Eine Schinkenscheibe zusammen mit einer Ananasscheibe und einer Käsescheibe auf ein getoastetes Brot legen und unter dem Backofengrill bei 200 °C etwa 5 Minuten gratinieren • Pizzatoast: Brot toasten, mit Tomatenmark bestreichen, mit einer Schinkenscheibe und abgetropften Artischocken (Konserve) oder Paprikastreifen belegen, mit einer Mozzarellascheibe bedecken, im Backofen bei 200 °C etwa 5 Minuten backen, mit Kräutern bestreut servieren • Croque Monsieur: Zwei Toastbrote mit einigen Esslöffeln Quark oder Ricotta bestreichen, mit Salz, Pfeffer und Kräutern bestreuen, nach Geschmack zusätzlich eine Scheibe Schnittkäse oder Mozzarella auf die Brote legen, zusammenklappen, gut festdrücken und in Butter in einer beschichteten Pfanne bei mäßiger Hitze goldbraun backen	• Erbsen-Zitronen-Suppe *50 g für 2 Portionen* • Chinakohl-Auflauf *100 g für 2 Portionen* • Bunter Nudelauflauf *50 g für 2 Portionen* • Bunte Restepizza *100 g für 2 Portionen* • Bunte Restequiche *50 g für 2 Portionen*	126 154 156 158 160
Schinken, roh 	• Schinkenscheiben mit Spiegelei in der Pfanne braten • Schinkenwürfel unter einen deftigen Gemüse- oder Bohneneintopf heben • Schinkenwürfel unter einen Reissalat heben • Schinkenscheiben mit Honigmelone als Vorspeise servieren • Pizzatoast ⇢ „Schinken, gekocht“ • Croque Monsieur ⇢ „Schinken, gekocht“	• Schinken-Aufstrich *25 g für 2 Portionen* • Grüner Risotto (Variation) *1–2 Scheiben für 1 Portion* • Bunte Restepizza *100 g für 2 Portionen* • Bunte Restequiche *50 g für 2 Portionen*	118 142 158 160

Das ist der gute Rest	Ruck-zuck-Verwertung	Bunte Rezeptideen	Rezept Seite
Wurstwaren, Schinken, Speck			
Speck, in Scheiben	• Vorspeise: Getrocknete Datteln oder Pflaumen damit umwickeln und in der Pfanne knusprig braten • Speck in der Pfanne knusprig braten, zusammen mit Salatblättern und einer Ananasscheibe auf ein Brötchen legen		
Speckwürfel	• In einer Pfanne knusprig auslassen, Brotcroûtons dazugeben und im Fett braten, einen Salat oder eine Suppe damit bestreuen		
Sülze, in Scheiben	• Mit Kräuterquark bestreichen, zusammenrollen und auf grünem Salat anrichten		
Wiener Würstchen	• In Scheiben schneiden und unter einen Kartoffelsalat oder einen Nudelsalat mischen • In einem Gemüse- oder Hülsenfrüchteeintopf erwärmen • Salat: In dünne Scheiben schneiden, mit Radieschenscheiben und dünnen Apfelspalten mischen, mit Joghurtdressing und Schnittlauchröllchen servieren	• Kartoffelgulasch *100 g für 2 Portionen* • Bunte Tortilla *1 Würstchen für 1 Portion*	133 145

Das ist der gute Rest	Ruck-zuck-Verwertung	Bunte Rezeptideen	Rezept Seite
Fisch und Meeresfrüchte			
Fischfilet, natur, gegart	• In große Würfel schneiden und als Einlage in einer Gemüsesuppe verwenden • Pastasauce: Lauchstreifen andünsten, Sahne zufügen, einkochen lassen, Fischwürfel zugeben und mit abgeriebener Zitronenschale, Salz und Pfeffer abschmecken	• Paprika mit würziger Fischfüllung *250 g für 2 Portionen* • Bunte Restepizza *100 g für 2 Portionen* • Bunte Restequiche *100 g für 2 Portionen*	151 158 160

Das ist der gute Rest	Ruck-zuck-Verwertung	Bunte Rezeptideen	Rezept Seite
Fisch und Meeresfrüchte			
Fischfilet, paniert	• Brötchenbelag: Mit Salatblättern, Gurken- und Tomatenscheiben, fettarmer Salatcreme und Dill auf Brötchen legen		
Fischsalat, Fertigprodukt	• Mit Roter Bete oder Gewürzgurken und Joghurt verlängern, auf Blattsalat anrichten		
Forelle, gegart	• Mit Preiselbeeren und Sahnemeerrettich auf Brot anrichten		
Forelle, geräuchert	• Suppeneinlage: In kleine Würfel schneiden und auf eine Cremesuppe (z. B. die Kartoffel-Gemüse-Suppe, ⟶ Seite 130) streuen	• Forellenpüree *125 g für 2 Portionen als Vorspeise*	120
Garnelen, ausgelöst, in Salzlake	• Mit Vinaigrette oder Aioli in Avocadohälften anrichten • Belegtes Brot: Mit Streifen von Eisbergsalat mischen, Joghurtdressing unterheben, auf Toastbrot anrichten, mit Eierscheiben belegen • Unter verquirltes Ei mischen und in der Pfanne braten • Brotaufstrich: Mit Crème fraîche und etwas Zitronensaft pürieren, mit gehacktem Dill, Salz und Pfeffer abschmecken 	• Pasta mit Räucherlachs (Variation) *80 g für 2 Portionen* • Bunte Restepizza *100 g für 2 Portionen* • Bunte Restequiche *100 g für 2 Portionen*	141 158 160
Garnelen, gebraten	• Unter ein Risotto, eine Gemüsesuppe oder einen Reissalat heben • Zusammen mit frisch gegarten Nudeln und Knoblauch in Olivenöl schwenken, mit Salz und Pfeffer würzen, mit Kräutern bestreuen • Spieße: Garnelen in Ei und Semmelbröseln wenden, zusammen mit Ananasstücken auf kleine Spieße stecken und in Butterschmalz goldbraun braten	• Sommerliche Melonensuppe mit Garnelen *4–6 Riesengarnelen mit Schale für 2 Portionen*	127

Das ist der gute Rest	Ruck-zuck-Verwertung	Bunte Rezeptideen	Rezept Seite
Fisch und Meeresfrüchte			
Heringsfilet, Konserve	• Brotaufstrich: Fein würfeln und mit fein gewürfeltem Apfel, Zwiebeln und sauren Gurken mischen, unter Schmand heben, mit Dill, Salz und Pfeffer abschmecken		
Heringsfilet in Tomatensauce, Konserve	• Brötchenbelag: Mit Zwiebelringen und Salatblättern in ein Brötchen legen		
Kaviar, deutscher	• Vorspeise: Große Radieschen etwas aushöhlen, mit Crème fraîche und Kaviar füllen		
Kaviar, Forellen- oder Lachs-	• Vorspeise: Dicke Gurkenscheiben aushöhlen, mit Crème fraîche, Dill und Kaviar füllen		
Lachs, geräuchert	• Suppeneinlage: In Streifen schneiden und auf eine Cremesuppe (z. B. die Kartoffel-Gemüse-Suppe, ⟶ Seite 130) geben	• Pasta mit Räucherlachs *80 g für 2 Portionen* • Forellenpüree (Variation) *125 g Lachs für 2 Portionen als Vorspeise*	141 120
Lachsfilet, gegart	• In große Würfel schneiden und als Einlage in einer Gemüsesuppe verwenden • Unter einen Reissalat heben • Schnelle Asiasuppe ⟶ „Wildgeflügel“	• Pasta mit Räucherlachs (Variation) *80 g für 2 Portionen*	141
Matjesfilet	• Unter einen Reissalat oder einen Salat aus grünen Bohnen mischen • Matjestatar: Fein hacken, mit Zwiebelwürfeln, Kapern und Vinaigrette mischen, zu Kartoffelpuffern servieren		
Miesmuscheln, in der Schale, gegart	• Vorspeise: Knoblauch- und Schalottenwürfel in Butter andünsten, Semmelbrösel braun rösten, mit gehackter Petersilie, Salz und Pfeffer würzen. Auf den Muscheln verteilen und unter dem Backofengrill gratinieren		

Das ist der gute Rest	Ruck-zuck-Verwertung	Bunte Rezeptideen	Rezept Seite
Fisch und Meeresfrüchte			
Miesmuscheln, ausgelöst, gegart	• Spieße: Muscheln in Ei und Semmelbröseln wenden, auf kleine Spieße stecken und in Butterschmalz goldbraun braten	• Bunte Restepizza *100 g für 2 Portionen*	158
Räucherfisch (Aal, Makrele, Heilbutt, Schillerlocken)	• Würfeln und unter eine Kartoffelsuppe oder eine pürierte Gemüsesuppe heben • Unter Reissalat mischen • Unter verquirltes Ei heben und in der Pfanne braten • Zusammen mit gekochtem Ei auf einem bunten Salat anrichten		
Sardellen	• Brotbelag: Zusammen mit einer Tomatenscheibe und Kapern auf geröstetes Baguette legen • Brotaufstrich: Sardellen mit etwas Olivenöl in einer kleinen Pfanne erhitzen, Sardellen zerdrücken, mit Zitronensaft, Knoblauch, Salz und Pfeffer würzen	• Crostini mit Sardellen und Tomaten *2 Sardellen für 2 Portionen als Vorspeise*	99
Thunfisch, naturell (Konserve)	• Sandwichbelag oder Tortillafüllung (Wrap): Abgetropften Thunfisch mit Tomaten, Blattsalatstreifen, Frühlingszwiebeln und Salatcreme mischen, mit Salz und Pfeffer abschmecken • Brotaufstrich: Abgetropften Thunfisch mit Kapern pürieren, mit fettarmer Mayonnaise mischen • Pastagericht: Zwiebelringe in Olivenöl anbraten, Thunfisch und schwarze Oliven zufügen und in der Pfanne erwärmen, gegarte Nudeln untermischen, mit Oregano bestreuen	• Bunte Restepizza *100 g für 2 Portionen* • Bunte Restequiche *100 g für 2 Portionen*	158 160
Tintenfischringe, natur	• Pastasauce: In einer Tomatensauce zusammen mit Kapern einige Minuten erwärmen	• Bunte Restepizza *100 g für 2 Portionen*	158
Tintenfischringe, paniert	• Im Backofen aufwärmen, mit Aioli zu einem bunten Salat servieren • Sandwichbelag oder Tortillafüllung (Wrap) ···› „Thunfisch“		

Das ist der gute Rest	Ruck-zuck-Verwertung	Bunte Rezeptideen	Rezept Seite
Nüsse und Backzutaten, besondere Gewürze			
Cashewkerne	• Rösten und über asiatische Gerichte oder Salate streuen 	• Trauben-sandwich *1 Esslöffel für 2 Portionen* • Rindfleisch-Rosenkohl-Pfanne *40 g für 2 Portionen*	97 138
Haselnüsse, ganz	• Hacken und zusammen mit Rosinen als Füllung für Bratäpfel verwenden • Hacken und zum Bestreuen von Salaten, Suppen, Süßspeisen oder Müslis, für süße Aufläufe und Tartes verwenden • Nussbrot: Unter einen Brotteig heben	• Single-Müsli *1 Esslöffel für 1 Portion* • Trauben-sandwich *1 Esslöffel für 2 Portionen*	93 97
Haselnüsse, gemahlen	• Rührkuchen: Bis zu $^{1}/_{3}$ der Mehlmenge durch gemahlene Haselnüsse ersetzen	• Kartoffelplätz-chen *1 Esslöffel für 1 Portion als Beilage*	147
Kardamom	• Eine Prise zum Kaffee- oder Espresso-pulver geben • Heiße Schokolade damit abschmecken • Eine Schokoladensauce oder -mousse damit abschmecken • Zum Abschmecken von Obstsalat ver-wenden		
Kokosraspel	• Rösten und Currygerichte oder Müslis damit bestreuen • Einige Esslöffel anstelle von Mehl unter einen Rührkuchenteig mischen • Für Milchmixgetränke verwenden • Unter die Panade von Fisch oder Geflügel mischen	• Bananen-Kokos-Sauce *2 Esslöffel für 2 Portionen* • Knusprige Schokohäufchen *50 g für ca. 70 Stück* • Exotische Fruchtriegel mit Kokos *50 g für 12 Stück*	110 178 177

Das ist der gute Rest	Ruck-zuck-Verwertung	Bunte Rezeptideen	Rezept Seite
Nüsse und Backzutaten, besondere Gewürze			
Kurkuma	• Ins Kochwasser von Reis geben • Eine Messerspitze unter einen Eiernudel- oder Pfannkuchenteig geben		
Lebkuchengewürz	• Zum Würzen von Wildgeflügel oder Spareribs verwenden • Heiße Schokolade damit abschmecken	• Pflaumensauce *1 Messerspitze für 2 Portionen*	117
Mandeln, gehobelt	• Rösten und über Geflügelgerichte streuen • Rösten und über Quarkdesserts streuen	• Croissantauflauf *1 Esslöffel für 1 Portion* • Amarettocreme *1 Esslöffel für 2 Portionen*	170 174
Mandeln, ganz	• Unter ein Müsli mischen • Als Snack anstelle von Süßigkeiten essen • Hacken und unter die Panade von Geflügel oder Fisch mischen • Je eine Mandel in eine getrocknete Pflaume oder Dattel stecken, mit Speck umwickeln und in der Pfanne knusprig braten • Pastagericht: Mandeln zusammen mit Spinat und gehacktem Knoblauch in Olivenöl andünsten, schwarze Oliven zugeben, mit mediterranen Kräutern würzen	• Single-Müsli *1 Esslöffel für 1 Portion* • Pikante Mandeln *250 g für 6 Portionen als Snack* • Grundrezept Pesto *1 Esslöffel für 2 Portionen*	93 95 116
Mandeln, gemahlen	• Rührkuchen: Bis zu 1/3 der Mehlmenge durch gemahlene Mandeln ersetzen • Mandelmilch: Mandeln mit Milch (2 Esslöffel auf 200 ml) in einem Topf erwärmen, nach Geschmack mit Zucker oder Vanillezucker abschmecken, heiß oder kalt servieren	• Möhren-Kräuterquark-Aufstrich *1 Esslöffel für 2 Portionen*	121

Das ist der gute Rest	Ruck-zuck-Verwertung	Bunte Rezeptideen	Rezept Seite
Nüsse und Backzutaten, besondere Gewürze			
Mandeln, gestiftelt	• Rösten und Salate oder Süßspeisen damit bestreuen oder in Müslis mischen	• Knusprige Schokohäufchen (Variation) *40 g für ca. 70 Stück*	178
Pinienkerne	• In der Pfanne anrösten und Suppen oder Salate damit bestreuen, z. B. Rucolasalat mit Mozzarella • In der Pfanne anrösten und Pastagerichte damit bestreuen, z. B. Pasta mit Spinat und Sahnesauce	• Grundrezept Pesto *1 Esslöffel für 2 Portionen*	116
Pistazienkerne	• Gehackt zum Bestreuen von Salaten, Suppen, Süßspeisen oder Müslis, für süße Aufläufe und Tartes • Fein hacken und zusammen mit Puderzucker und Zitronensaft unter eine Quarkspeise rühren	• Traubensandwich *1 Esslöffel für 2 Portionen*	97
Sesamsamen	• Hackfleischbällchen vor dem Braten darin wälzen • Rösten und zusammen mit Joghurt über Spinat geben • Kräuterfrischkäse-Kugeln darin wälzen • Unter einen Brotteig heben, Brot oder Brötchen vor dem Backen damit bestreuen	• Reisbällchen *1 Esslöffel für 2 Portionen*	144
Sonnenblumenkerne	• Zum Bestreuen von Salaten, Suppen, Süßspeisen oder Müslis, für Aufläufe und Tartes • Unter einen Brotteig heben, Brot oder Brötchen vor dem Backen damit bestreuen	• Single-Müsli *1 Esslöffel für 1 Portion* • Fruchtiger Rote-Bete-Salat *2 Esslöffel für 2 Portionen*	93 101

Das ist der gute Rest	Ruck-zuck-Verwertung	Bunte Rezeptideen	Rezept Seite
Nüsse und Backzutaten, besondere Gewürze			
Trocken- und Backobst	• Würfeln und unter eine Müslimischung heben • Würfeln und unter einen Rührkuchenteig mischen	• Exotische Fruchtriegel mit Kokos *200 g für 12 Stück*	177
Vanilleschote	• Längs aufschlitzen und Vanillemark für Milchreis oder Vanillepudding verwenden, die Schote mitkochen		
Walnusskerne	• ⟶ „Haselnüsse, ganz" 	• Single-Müsli *1 Esslöffel für 1 Portion* • Geröstete Walnüsse mit Zimt und Cayennepfeffer *200 g für 6 Portionen als Snack* • Traubensandwich *1 Esslöffel für 2 Portionen* • Asia-Rollen mit Glasnudel-Nuss-Füllung *75 g für 4 Portionen* • Hähnchen-Drumsticks mit Tomaten-Avocado-Mais-Salat *50 g für 2 Portionen* • Lachsfilet mit Walnusskruste *50 g für 2 Personen* • Gratinierte Tomaten mit Rosmarin-Walnuss-Pesto *40 g für 2 Portionen*	93 96 97 143 149 152 162
Zimtstangen	• Milchreis: 1–2 Zimtstangen zusammen mit dem Milchreis kochen		

Das ist der gute Rest	Ruck-zuck-Verwertung	Bunte Rezeptideen	Rezept Seite
Saucen und Würzmittel			
Ajvar	• Unter eine Tomatensauce oder ein Ratatouille mischen • Mit Joghurt oder saurer Sahne mischen und als Dip servieren	• Paprika mit würziger Fischfüllung *1 Esslöffel für 2 Portionen*	151
Béchamelsauce	• Gedünstetes Gemüse, z. B. Wirsing, damit verfeinern • Zum Überbacken von Gemüseaufläufen verwenden		
Chilisauce, Fertigprodukt	• Kleine Reste aus der Flasche lösen, indem man etwas heißes Wasser hineingibt und die Flasche schüttelt, zu einer Tomatensauce geben	• Asia-Rollen mit Glasnudel-Nuss-Füllung *6 Esslöffel für 4 Portionen*	143
Currysauce, Fertigprodukt	• Mit Joghurt verrühren, evtl. mit Currypulver nachwürzen und als Dip zu Rohkost oder Grillfleisch servieren		
Ingwer	• Ingwertee: In kleine Stücke schneiden und in heißem Wasser ziehen lassen • Fein reiben und unter heißen Kräutertee rühren, mit Honig abschmecken • Zum Marinieren von Fleisch verwenden		
Kokosmilch, Konserve 	• Zum Verfeinern von Suppen und Saucen anstelle von Sahne verwenden • Die Milch bei Rührkuchenteigen durch Kokosmilch ersetzen • Für Mixgetränke verwenden, z. B. zusammen mit Ananassaft, Orangensaft oder Bananen	• Bananen-Kokos-Sauce *75 ml für 2 Portionen* • Buntes Curry-Gemüse-Geschnetzeltes *100 ml für 1 Portion* • Sommerlicher Frucht-Kokos-Drink *200 ml für 2 Portionen*	110 131 164
Mangochutney	• Für belegte Brote oder Toasts verwenden • Zu gegrilltem oder gebratenem Fleisch reichen		

Das ist der gute Rest	Ruck-zuck-Verwertung	Bunte Rezeptideen	Rezept Seite
Saucen und Würzmittel			
Mayonnaise	• Für belegte Brötchen verwenden • Mit Joghurt mischen, evtl. mit Kräutern abschmecken und als Salatdressing, z. B. für Nudelsalate, verwenden • Gefüllte Eier: Eigelb von hart gekochtem Ei mit Mayonnaise und Senf verrühren, Eihälften damit füllen, mit Sardellen oder Kräutern garnieren		
Meerrettich aus dem Glas	• Meerrettichsauce: Fein reiben und mit geschlagener Sahne und evtl. Preiselbeeren mischen, zu Räucherfisch reichen	• Apfel-Meerrettich-Aufstrich *2 Teelöffel für 2 Portionen*	119
Pesto, grün 	• Zum Aromatisieren von Sahnesauce zu Pasta, Gemüse oder Fleisch verwenden • Ofenkartoffeln: Auf halbierte Kartoffeln streichen, einige Pinienkerne darauf verteilen und im Backofen bei 200 °C 30 Minuten backen • Tomatenbaguette: Ein Baguettebrötchen rösten, leicht buttern und mit Tomatenscheiben, Basilikum und Pesto belegen	• Schafskäse-Brötchen *2 Teelöffel für 1 Portion* • Kartoffel-Mix *2 Teelöffel für 2 Portionen*	96 153
Pesto, rot	• Kalte Nudelsauce: Mit Tomaten, Knoblauch, Parmesan, getrockneter Chilischote und Pinienkernen im Mixer pürieren, mit Salz und Pfeffer abschmecken • ⟶ „Pesto, grün“		
Senf	• 1–2 Teelöffel für ein Rezept Vinaigrette verwenden. Ist nur noch ein kleiner Rest in einem Senfglas vorhanden, die Vinaigrette-Zutaten einfach hineingeben und alles gut durchschütteln	• Lachsfilet mit Walnusskruste *1 Esslöffel für 2 Portionen*	152
Sauce bolognese	• Zusammen mit gekochtem Reis sowie Mais oder Kidneybohnen erwärmen, mit Chilipulver abschmecken • Als Füllung für Gemüse (evtl. gemischt mit gegartem Reis) verwenden und im Backofen gratinieren	• Gratinierte Brote à la bolognese *1 Portion zubereitete Sauce für 2 Portionen* • Kartoffel-Mix *4 Esslöffel für 2 Portionen*	98 153

Das ist der gute Rest	Ruck-zuck-Verwertung	Bunte Rezeptideen	Rezept Seite
Saucen und Würzmittel			
Sauce hollandaise	• Zum Gratinieren von Toasts oder Gemüsegerichten verwenden		
Tomatenketchup	• Kleine Reste aus der Flasche lösen, indem man etwas heißes Wasser hineingibt und die Flasche schüttelt, zu einer Tomatensauce geben		
Tomatensauce	• Für eine Pizza verwenden • Evtl. mit Sahne verlängern und durch Kräuter, Chilipulver, Salamiwürfelchen etc. eine andere Geschmacksrichtung verleihen	• Tomatendip *1 Portion zubereitete Tomatensauce für 2 Portionen*	109

Das ist der gute Rest	Ruck-zuck-Verwertung	Bunte Rezeptideen	Rezept Seite
Tiefgefrorenes und Fertigprodukte			
Chips	• Zerbröseln und anstelle von Semmelbröseln als Panade verwenden • Zum Gratinieren von Fleisch oder Gemüse: Auf das Gericht legen, etwas geriebenen Käse auf die Chips verteilen und bei 220 °C etwa 5 Minuten backen		
Erdbeereis	• Mixgetränk: Erdbeereis mit 1–2 Esslöffeln Sahne, etwas Vanillezucker und Dickmilch mixen, in ein Glas füllen		
Kräcker, salzig	• Mit Leberwurst, Frischkäse oder Kräuterquark bestreichen und mit halbierten Kirschtomaten belegt servieren • Fein zerbröseln und zum Gratinieren von Miesmuscheln (→ Muscheln) oder Gemüse verwenden		
Nuss-Nougat-Creme	• Schnelle Schokocreme: Sahne halb steif schlagen, mit einigen Teelöffeln Nuss-Nougat-Creme fertig schlagen • Minikuchen: Zwei Butterkekse dünn mit Nuss-Nougat-Creme bestreichen, einen Keks mit Bananenscheiben belegen, mit dem zweiten Keks abdecken		

Das ist der gute Rest	Ruck-zuck-Verwertung	Bunte Rezeptideen	Rezept Seite
Tiefgefrorenes und Fertigprodukte			
Pizza, gebacken	• Mit Tomatenscheiben und dünnen Mozzarellascheiben belegen, leicht mit Olivenöl bepinseln und im Backofen bei 220 °C aufwärmen, bis der Käse geschmolzen ist. Mit Basilikumblättern bestreuen		
Salzstangen oder -brezeln	• Zerkrümeln, mit weicher Butter mischen und zum Gratinieren von Gemüsegerichten verwenden		
Schokoladeneis	• Mixgetränk: Schokoladeneis und ½ Banane mit Milch pürieren, in ein Glas füllen		
Schokoladen-weihnachtsmänner oder -osterhasen	• Schokoladensauce: Im heißen Wasserbad mit einigen Esslöffeln Sahne schmelzen	• Knusprige Schokohäufchen *200 g für ca. 70 Stück*	178
Taco-Chips	• ⇢ „Chips“		
Vanilleeis	• Erdbeer-Vanille-Drink: 100 g Beeren mit 1 Teelöffel Zucker pürieren, in ein großes Glas füllen. 1 Esslöffel Eis mit 100 ml Milch pürieren und über einen umgedrehten Löffel vorsichtig auf das Püree laufen lassen	• Kiwi-Kefir-Drink *1 Kugel für 1 Portion*	166
Zitroneneis	• Zitronendrink: Zitroneneis mit 1–2 Teelöffeln Zitronensaft, etwas Zucker und Buttermilch mixen und in ein Glas füllen		

3 Bunte Rezeptideen

- Müslis, Snacks und belegte Brote 92
- Salate und Vorspeisen 100
- Saucen, Dips und Brotaufstriche 108
- Suppen und Eintopfgerichte 122
- Pfannengerichte 136
- Ofengerichte 148
- Mixgetränke 163
- Desserts 168
- Konfekt und Gebäck 176

Müslis, Snacks und belegte Brote

- Single-Müsli 93
- Heidelbeer-Bananen-Müsli 93
- Bircher Müsli 94
- Pikante Mandeln 95
- Geröstete Walnüsse mit Zimt und Cayennepfeffer 96
- Schafskäse-Brötchen 96
- Traubensandwich 97
- Gratinierte Brote à la bolognese 98
- Pilztoast 98
- Crostini mit Sardellen und Tomaten 99

Single-Müsli

Für 1 Portion

1 EL	Haselnüsse oder Mandeln, Walnüsse
1 EL	Rosinen
1 EL	Sonnenblumenkerne
3 EL	kernige Haferflocken
100 g	Joghurt oder 100 ml Milch
200 g	Früchte nach Saison

1. Die Nüsse oder Mandeln grob hacken, mit Rosinen, Sonnenblumenkernen und Haferflocken mischen. Mit dem Joghurt oder der Milch verrühren.
2. Die Früchte in Stücke schneiden und unterheben.

Tipp

Für einen intensiveren Geschmack können Nüsse, Sonnenblumenkerne und Haferflocken in einer Pfanne ohne Fett angeröstet werden.

Heidelbeer-Bananen-Müsli

Für 1 Portion

20 g	blütenzarte Haferflocken
20 g	Vollkornhaferflocken
75 g	frische oder gefrorene Heidelbeeren
1	kleine Banane
100 ml	fettarme Milch

1. Die Haferflocken und die Vollkornhaferflocken mischen.
2. Die Heidelbeeren verlesen, die Banane schälen und in Scheiben schneiden. Die Früchte zu den Haferflocken geben und die Milch dazugießen.

Bircher Müsli

Für 1 Portion

3–4 EL	kernige Haferflocken (30–40 g)
1 EL	Rosinen
75 ml	Milch
1 EL	süße Sahne
½	Apfel
½	Banane
	etwas Zitronensaft
	einige Mandelstifte oder gehackte Haselnüsse
	evtl. 1 TL Honig und etwas Zimt

1. Die Haferflocken und die Rosinen in der Milch und der Sahne über Nacht im Kühlschrank einweichen.
2. Am nächsten Tag den Apfel und die Banane klein schneiden und mit etwas Zitronensaft beträufeln. Zusammen mit den Mandeln oder Nüssen unter das Müsli mischen. Nach Geschmack mit Honig und Zimt abschmecken.

Pikante Mandeln

Für 6 Portionen als Snack

250 g	**Mandeln**
¼ TL	Paprikapulver, rosenscharf
½ EL	grobes Meersalz

1. Die Mandeln heiß überbrühen und enthäuten, gut abtrocknen. Paprikapulver und Meersalz mischen. Die Mandeln in einer großen Schüssel gründlich in der Gewürzmischung wenden.
2. Die Mandelmischung auf ein mit Backpapier ausgelegtes Backblech legen und im Backofen bei 120 °C etwa 30 Minuten rösten, dabei einmal wenden. Den Backofen ausschalten und die Mandeln darin erkalten lassen. In einem luftdicht verschließbaren Behälter aufbewahren.

Tipp

- Das Rezept eignet sich prima, um übrig gebliebene Zutaten von der Weihnachtsbäckerei zu verarbeiten, wenn man des Süßen überdrüssig ist.
- Wenn es schnell gehen soll, brauchen die Mandeln nicht enthäutet zu werden.
- Es schmeckt auch mit Haselnüssen oder Cashewkernen. Oder experimentieren Sie mal mit Curry oder einer eigenen Gewürzmischung.

Geröstete Walnüsse mit Zimt und Cayennepfeffer

Für 6 Portionen als Snack

1 EL	Butter
2 TL	Zimt
1 Msp.	Cayennepfeffer
200 g	**Walnüsse**
2 TL	Rohrzucker
1 TL	Kakaopulver

1. Butter in einem Topf schmelzen, Zimt und Cayennepfeffer zugeben und verrühren. Walnüsse und Zucker zugeben und so lange rühren, bis die Nüsse mit der Buttermischung überzogen sind.
2. Walnüsse auf einem mit Backpapier ausgelegten Backblech verteilen. Im vorgeheizten Backofen bei 120 °C etwa 1 Stunde rösten, alle 15 Minuten mit einem Kochlöffel dabei wenden.
3. Anschließend Walnüsse mit Kakao bestäuben und kurz vermischen. Auskühlen lassen.

Tipp

Luftdicht verpackt ist die Mischung bis zu fünf Tage bei Raumtemperatur haltbar.

Schafskäse-Brötchen

Für 1 Portion

1	kleine rote Zwiebel
2	Salatblätter
1	Brötchen
ca. 40 g	**Schafs- oder Ziegenkäse**
2 TL	**Pesto, grün**
2	**schwarze Oliven ohne Stein**

1. Die Zwiebel schälen und in sehr feine Ringe schneiden. Das Brötchen halbieren und die untere Hälfte mit 1 Salatblatt und den Zwiebelringen belegen.
2. Den Schafskäse in dünne Scheiben schneiden und auf das Brötchen legen, das Pesto darüberträufeln. Die Oliven in Scheiben schneiden und darauf verteilen. Das übrige Salatblatt und den Brötchendeckel darauflegen.

Traubensandwich

Für 2 Portionen

2	**Scheiben Mischbrot oder Bauernbrot**
4 EL	**Ricotta (ersatzweise Quark)**
½ TL	flüssiger Honig
100 g	**Weintrauben**
1 EL	**gehackte Nüsse** nach Wahl (z. B. Walnüsse, Haselnüsse, Mandeln, Cashewkerne, Pistazienkerne)
	Pfeffer aus der Mühle

1. Das Brot im Toaster rösten. Den Ricotta mit dem Honig verrühren. Die Weintrauben entkernen und zusammen mit den Nüssen unterheben.
2. Die getoasteten Brote mit der Traubencreme bestreichen und mit etwas Pfeffer übermahlen.

Variation:
Bereiten Sie das Sandwich mit Erdbeeren oder Mango zu.

Gratinierte Brote à la bolognese

Für 2 Portionen

½ Portion	Sauce bolognese, ca. 250 g
1 EL	italienische Kräuter (TK)
1	kleine Paprikaschote
1	große Tomate
2 Scheiben	trockenes Bauernbrot oder Mischbrot
2 EL	geriebener Hartkäse nach Wahl

1. Die Sauce bolognese mit den Kräutern mischen. Die Paprikaschote in Streifen, die Tomate in Scheiben schneiden.
2. Die Sauce auf die Brotscheiben streichen und mit dem Gemüse belegen. Den Käse darauf verteilen und im Backofen bei 200 °C auf der mittleren Einschubleiste etwa 10 Minuten gratinieren. Dazu schmeckt ein grüner Salat.

Pilztoast

Für 2 Portionen

ca. 200 g	Champignons oder Austernpilze
2	Knoblauchzehen
2 TL	Olivenöl
	Jodsalz, Pfeffer aus der Mühle
2	Scheiben Toastbrot
2 EL	gehackte Petersilie

1. Die Pilze putzen und in Scheiben schneiden. Den Knoblauch schälen und fein würfeln. Die Hälfte des Olivenöls in einer Pfanne erhitzen und Pilze und Knoblauch darin anbraten. Die Pilzflüssigkeit einkochen lassen, dann mit Salz und Pfeffer würzen.
2. Inzwischen die Brote toasten und mit dem restlichen Olivenöl bepinseln. Die Pilze auf den Toasts verteilen und mit Petersilie bestreut servieren.

Crostini mit Sardellen und Tomaten

Für 2 Portionen als Vorspeise

2	**Sardellenfilets**
1	**Tomate**
2 Scheiben	Fontina (ca. 80 g)
4	**trockene Baguettescheiben oder**
2	**trockene Weißbrotscheiben**
	etwas Olivenöl zum Bepinseln
	Jodsalz, Pfeffer aus der Mühle
	getrockneter Oregano

1. Die Sardellen einige Stunden zum Entsalzen wässern. Danach entgräten und längs halbieren. Die Tomate in 4 Scheiben schneiden. Die Käsescheiben halbieren.
2. Die Weißbrotscheiben quer halbieren. Das Brot mit etwas Olivenöl bepinseln, leicht salzen und pfeffern, mit etwas Oregano würzen und mit je 1 Tomatenscheibe, ½ Sardelle und dem Käse belegen.
3. Die Brotscheiben auf ein mit Backpapier ausgelegtes Backblech legen und im Backofen bei 180 °C auf mittlerer Einschubleiste etwa 10 Minuten überbacken. Die Crostinis warm servieren.

Salate und Vorspeisen

- Fruchtiger Rote-Bete-Salat 101
- Kartoffel-Gemüse-Salat 102
- Blattsalat mit Mais und Putenbrust 103
- Schneller Linsensalat 104
- Gefüllte Birne 105
- Marinierte Champignons 106
- Kleine Gemüsesülze 107

Fruchtiger Rote-Bete-Salat

Für 2 Portionen

2 Knollen	Rote Bete, gegart (oder Rote Bete aus dem Glas)
1	kleiner Apfel
1	kleine Birne
1 TL	Zitronensaft
100 g	Joghurt
50 g	Crème fraîche
1 TL	geriebener Meerrettich
	Jodsalz, Pfeffer aus der Mühle
2 EL	Sonnenblumenkerne
1 Handvoll	Feldsalat

1. Die Rote Bete in dünne Stifte schneiden, den Apfel und die Birne fein würfeln und mit Zitronensaft beträufeln. Mit der Roten Bete mischen.
2. Joghurt, Crème fraîche und Meerrettich glatt rühren. Das Dressing mit Salz und Pfeffer abschmecken und unter die Rote Bete und das Obst ziehen. Die Sonnenblumenkerne in einer Pfanne ohne Fett rösten.
3. Den Feldsalat putzen und auf zwei Tellern verteilen, den Rote-Bete-Salat darauf anrichten und mit Sonnenblumenkernen bestreut servieren.

Kartoffel-Gemüse-Salat

Für 2 Portionen

ca. 3	große Pellkartoffeln
ca. 250 g	Rohkost (z. B. Radieschen, Gurken, Tomaten, Paprikaschoten)
ca. 250 g	gegartes Gemüse (z. B. Zuckerschoten, Erbsen, Möhren, Spargel, Blumenkohl, Brokkoli)
1	Zwiebel
100 ml	Gemüsebrühe
2 EL	Weißweinessig
1 TL	Senf
	Jodsalz, Pfeffer aus der Mühle
2 EL	Rapsöl
ca. 4 EL	gehackte, frische Kräuter (z. B. glatte Petersilie oder Basilikum)

1. Die Kartoffeln schälen und in dünne Scheiben schneiden, die Rohkost und das Gemüse je nach Sorte in Scheiben oder kleine Stücke schneiden und alles in einer Salatschüssel vorsichtig mischen.
2. Die Zwiebel fein würfeln und in der Brühe kurz aufkochen. Essig, Senf, Salz, Pfeffer und Öl gründlich verrühren, zusammen mit Zwiebeln und Brühe unter den Salat heben.
3. Den Salat mindestens 1 Stunde durchziehen lassen und mit Kräutern bestreut servieren.

Variation:

Sie können den Salat auch mit der Joghurt-Kräuter-Sauce (→ Seite 109) zubereiten.

Blattsalat mit Mais und Putenbrust

Für 2 Portionen

ca. 200 g	knackige Salatblätter (z. B. Eisberg, Endivie, Chinakohl)
1	Frühlingszwiebel
1	Dose Mais, 300 g
ca. 80 g	geräucherte Putenbrust, am Stück oder geschnitten (oder Reste vom Putenbraten oder gekochter Schinken)
100 g	Joghurt
2 TL	Dijonsenf
50 g	milder Blauschimmelkäse (z. B. Cambozola oder Bavaria blu)
1	Schalotte
	Jodsalz, Pfeffer aus der Mühle
1 EL	Sprossen nach Wahl, z. B. Alfalfa-Sprossen

1. Die Salatblätter waschen, trocken schleudern und in Streifen schneiden. Die Frühlingszwiebel in Ringe schneiden. Den Mais in einem Sieb abtropfen lassen. Die Putenbrust in Würfel oder Streifen schneiden. Die Salatzutaten in einer Schüssel mischen.
2. Für das Dressing den Joghurt mit dem Senf verrühren, den Blauschimmelkäse mit einer Gabel zerdrücken und unterrühren. Die Schalotte sehr fein hacken und unterheben. Das Dressing mit Salz und Pfeffer abschmecken und unter die Salatzutaten heben. Mit den Sprossen bestreut servieren.

Schneller Linsensalat

Für 2 Portionen

3	**gekochte Kartoffeln (Pell- oder Salzkartoffeln) oder die gleiche Menge Bratkartoffeln**
2	Tomaten
ca. 250 g	**Schweinebraten**
250 g	**Linsen (aus der Dose)**
1	kleine Zwiebel
1 EL	scharfer Senf
1 EL	Weißweinessig
1 EL	gemischte TK-Gartenkräuter
2 EL	Rapsöl
	Jodsalz, Pfeffer aus der Mühle

1. Die Kartoffeln in kleine Würfel schneiden. Die Tomaten halbieren, vom Stielansatz befreien und ebenfalls klein würfeln. Vom Schweinebraten die Fettschwarte abschneiden und das Fleisch fein würfeln. Alles in einer Schüssel mit den Linsen mischen.
2. Die Zwiebel sehr fein hacken, mit Senf, Essig und Kräutern verrühren, das Öl unterschlagen und die Sauce unter die Zutaten in der Schüssel heben. Den Salat mit Salz und Pfeffer abschmecken und mindestens 2 Stunden durchziehen lassen.

Gefüllte Birne

Für 1 Portion als Vorspeise oder als Snack

2 EL	**Ziegenfrischkäse**
1–2 EL	Milch
	Jodsalz, Pfeffer aus der Mühle
	einige Blättchen frische Minze, gehackt, und Minzeblättchen zum Garnieren
1	**Birne**
	etwas Zitronensaft

1. Den Frischkäse mit der Milch glatt rühren und mit Salz und Pfeffer würzen, die Minzeblättchen unterheben.
2. Die Birne längs halbieren, das Kerngehäuse herausschneiden, die Schnittflächen mit Zitronensaft beträufeln.
3. Den Frischkäse in die Birnenhälften füllen und mit Minzeblättchen garniert servieren. Dazu schmeckt eine Scheibe Schwarzbrot.

Marinierte Champignons

Für 1 Portion
als Vorspeise

1	Zweig Thymian
1	kleines Lorbeerblatt
	Jodsalz, Pfeffer aus der Mühle
je ½ TL	Pfeffer- und Korianderkörner
50 ml	trockener Weißwein
50 ml	Olivenöl
Saft von ½	Zitrone
ca. 150 g	**Champignons (oder Austernpilze)**
1 EL	gehackte glatte Petersilie

1. Den Thymianzweig und das Lorbeerblatt mit den Gewürzen in Weißwein, Olivenöl und Zitronensaft im geschlossenen Topf 15 Minuten köcheln.
2. Inzwischen die Champignons putzen, große Köpfe halbieren. Die Pilze in den Sud geben und 5 Minuten im geschlossenen Topf köcheln, vom Herd ziehen und abkühlen lassen.
3. Im Kühlschrank abgedeckt über Nacht ziehen lassen. Mit gehackter Petersilie bestreut servieren.

Variation:
Auf die gleiche Weise kann man marinierte Möhren zubereiten, die aber 10 Minuten köcheln müssen.

Tipp

- In einem luftdicht verschlossenen Gefäß bleibt das Gemüse 2–3 Tage im Kühlschrank frisch.
- Der Weißwein-Olivenöl-Sud dient vor allem zum Marinieren. Übrig gebliebene Flüssigkeit können Sie am nächsten Tag noch für einen Salat verwenden.

Kleine Gemüsesülze

Für 2 Portionen als Vorspeise

4 Blätter	weiße Gelatine
ca. 200 g	gekochtes Gemüse (z. B. Erbsen, Möhren, Zucchini, Staudensellerie, grüne Bohnen, Spargel)
evtl. 100 g	gekochtes Geflügelfleisch
250 ml	Gemüsebrühe oder -fond
	Jodsalz, Pfeffer aus der Mühle
	etwas Zitronensaft
2 EL	fein gehackte glatte Petersilie

1. Die Gelatine in etwas kaltem Wasser einweichen. Falls nötig, das Gemüse und das Fleisch in kleine Stücke schneiden.
2. Die Brühe oder den Fond in einem Topf erhitzen, die gequollene Gelatine gut ausdrücken und unter Rühren in der heißen Brühe auflösen. Die Brühe mit Salz, Pfeffer und etwas Zitronensaft abschmecken.
3. 4 Förmchen von 100 ml Fassungsvermögen (z. B. Soufflé-förmchen, Tassen oder Muffinförmchen) mit kaltem Wasser ausspülen, etwas Gelierflüssigkeit hineingießen und erstarren lassen.
4. Gemüse, Fleisch und Petersilie einschichten und mit der restlichen Gelierflüssigkeit übergießen. Fest werden lassen und die Förmchen zum Stürzen kurz in kaltes Wasser tauchen. Dazu passen eine Kräuter-Joghurt-Sauce und Baguette.

Saucen, Dips und Brotaufstriche

- Joghurt-Kräuter-Sauce 109
- Tomatendip 109
- Salatsauce mit Blauschimmelkäse 110
- Bananen-Kokos-Sauce 110
- Eiersauce 111
- Käsecreme 112
- Möhrensauce 113
- Paprikasauce 114
- Ajvar 115
- Grundrezept Pesto 116
- Pflaumensauce 117
- Linsen-Aufstrich 118
- Schinken-Aufstrich 118
- Apfel-Meerrettich-Aufstrich 119
- Forellenpüree 120
- Möhren-Kräuterquark-Aufstrich 121

Joghurt-Kräuter-Sauce

Für 2 Portionen als Salatsauce oder 1 Portion als Dip

75 g	**Joghurt**
1 EL	**Quark oder Frischkäse**
2 EL	gehackte Kräuter (z. B. Petersilie, Basilikum, Schnittlauch)
	Jodsalz, Pfeffer aus der Mühle

1. Den Joghurt mit dem Quark oder Frischkäse glatt rühren.
2. Die Kräuter unterrühren und die Sauce mit Salz und Pfeffer abschmecken.

Tipp

Diese Sauce schmeckt zu Gurkensalat oder allen Gemüsearten als Dip.

Tomatendip

Für 2 Portionen

1 Portion	**selbst gekochte Tomatensauce (ca. 150 ml)**
150 g	saure Sahne
	Jodsalz, Pfeffer aus der Mühle
	Chilipulver
	getrocknetes Oregano

1. Die erkaltete Tomatensauce mit der sauren Sahne glatt rühren. Mit Salz, Pfeffer, Chilipulver und Oregano pikant abschmecken.

Tipp

Der Dip ist ideal, wenn nur noch eine kleine Portion Tomatensauce übrig ist. Er schmeckt zu gegrilltem Fleisch oder Gemüse oder einfach zu Rohkost und Baguette.

Salatsauce mit Blauschimmelkäse

Für 4 Portionen als Salatsauce oder 2 Portionen als Dip

ca. 80 g	**Blauschimmelkäse (z. B. Gorgonzola, Roquefort, Bleu d'Auvergne)**
6 EL	süße Sahne
1 EL	Balsamico-Essig
1 EL	Olivenöl
	schwarzer Pfeffer aus der Mühle
	einige Basilikumblättchen

1. Den Käse mit einer Gabel sehr gut zerdrücken. Sahne, Balsamico und Olivenöl mit dem Schneebesen gründlich unterrühren.
2. Die Basilikumblättchen in Streifen schneiden und die Sauce mit etwas Pfeffer abschmecken.

Tipp

Die Sauce passt zu Kartoffel- und Nudelsalaten ebenso wie zu Spinatsalat oder zu Rohkost als Dip.

Bananen-Kokos-Sauce

Für 2 Portionen

2 EL	**Kokosraspel**
1	**Banane**
75 ml	**Kokosmilch (aus der Dose)**
½ TL	Currypulver
	Jodsalz, Pfeffer aus der Mühle
	evtl. Korianderblättchen zum Garnieren

1. Die Kokosraspeln in einer Pfanne ohne Fett rösten. Die Banane zusammen mit der Kokosmilch pürieren und mit Curry abschmecken, die Kokosraspel unterheben.
2. Nach Wunsch mit Korianderblättchen garniert servieren.

Tipp

Die Sauce passt besonders gut zu gegrilltem Putenfleisch oder Garnelen.

Eiersauce

Für 2 Portionen

2	**hart gekochte Eier**
1 TL	milder Senf
1 TL	Weißweinessig
4 EL	heiße Fleisch- oder Gemüsebrühe
	Jodsalz, Pfeffer aus der Mühle
ca. 40 ml	Rapsöl
½ Bund	Schnittlauch oder glatte Petersilie

1. Die Eier halbieren, die Eigelbe in einer Schüssel gut mit einer Gabel zerdrücken. Eigelb mit Senf, Essig und Brühe gründlich verrühren, mit Salz und Pfeffer abschmecken.
2. In dünnem Strahl unter stetigem Rühren mit dem Schneebesen langsam das Öl einfließen lassen – so viel, dass eine sämige Sauce entsteht.
3. Das Eiweiß in feine Würfel schneiden, die Kräuter fein hacken und zusammen mit dem Eiweiß unter die Sauce heben.

Tipp

Die Eiersauce passt hervorragend zu Frühlingsgemüse wie Kohlrabi, Zuckerschoten, Romanesco und jungen Möhren – besonders gut aber zu grünem Spargel. Zusammen mit Pellkartoffeln eine komplette Mahlzeit!

Käsecreme

Für 1 Portion

ca. 50 g	Feta oder Ziegenfrischkäse
50 g	Magerquark
1 EL	Joghurt
1	Knoblauchzehe, durchgepresst
1 EL	frische, gehackte Mittelmeerkräuter (z. B. Basilikum, Oregano oder Thymian)
	Jodsalz, Pfeffer aus der Mühle

1. Den Feta zerkrümeln, mit Magerquark, Joghurt, Knoblauch und Kräutern verrühren.
2. Die Creme mit Salz und Pfeffer abschmecken.

Tipp

Diese Creme kann als Dip zu Rohkost verwendet werden. Sie eignet sich auch bestens dazu, um Gemüse zu füllen, z. B. kleine Tomaten, Gurken, gegarte Zucchini oder Auberginen.

Möhrensauce

Für 1 Portion

1	kleine Schalotte
½	Knoblauchzehe
2	**kleine Möhren**
½ EL	Rapsöl
1 TL	Vollrohrzucker
100 ml	Gemüsebrühe
2 EL	**Crème fraîche**
¼ Bund	Koriander oder Kerbel
	Jodsalz, Pfeffer aus der Mühle
	Chilipulver

1. Die Schalotte und den Knoblauch fein würfeln. Die Möhren in Stücke schneiden. Das Öl in einem Topf erhitzen, Schalotte und Knoblauch darin bei mittlerer Hitze glasig schwitzen und die Möhren zusammen mit dem Zucker kurz anbraten.
2. Die Gemüsebrühe angießen und das Ganze zugedeckt etwa 10 Minuten weich garen. Inzwischen die Kräuterblättchen abzupfen und fein hacken. Das Gemüse fein pürieren, die Crème fraîche und die Kräuter unterheben. Die Sauce mit Salz, Pfeffer und Chili vorsichtig abschmecken.

Tipp

Die Möhrensauce schmeckt zu kurz gebratenem Fleisch, Rösti, zur Nudel-Frittata (⟶ Seite 140) oder zu den Kartoffel-Gemüse-Küchlein (⟶ Seite 146). Für diese Sauce sind auch bereits schrumpelige Möhren geeignet.

Paprikasauce

Für 1 Portion
zu Pasta oder
2 Portionen als Dip

1	**kleine rote Paprikaschote**
½	**kleine Aubergine**
1 EL	Olivenöl
¼	Bund Koriandergrün
1 TL	Rotweinessig
	Jodsalz, schwarzer Pfeffer aus der Mühle
	etwas Vollrohrzucker

1. Paprika und Aubergine in kleine Würfel schneiden und in der Hälfte des Olivenöls in einer Pfanne etwa 8 Minuten dünsten, bis das Gemüse weich ist.
2. Das Gemüse grob pürieren, die Korianderblättchen und das Öl unterrühren und mit Essig, Salz, Pfeffer und wenig Zucker abschmecken.

Tipps

Für diese Sauce können Sie auch eine nicht mehr knackige Paprika verwenden.

- In einem verschlossenen Gefäß mit etwas Olivenöl bedeckt hält sich die Sauce eine Woche im Kühlschrank frisch.
- Essen Sie die Sauce kalt zu frisch gekochter Pasta, zur Nudel-Frittata (⇢ Seite 140) oder als Dip zu Gemüse oder Pellkartoffeln.

Ajvar

Für 2 Portionen

2	rote Paprika
½	**Aubergine**
1–2	Knoblauchzehen
1½ EL	Olivenöl
1 TL	Zitronensaft
½ TL	Salz

1. Die Paprikaschoten vierteln und entkernen, die Aubergine längs halbieren. Das Gemüse mit der Hautseite nach oben auf ein mit Backpapier ausgelegtes Backblech legen und unter dem Backofengrill bei 250 °C so lange rösten, bis die Haut dunkelbraun wird und Blasen wirft.
2. Das Gemüse herausnehmen, mit einem feuchten Küchenhandtuch bedecken, etwas abkühlen lassen und mit einem spitzen Messer enthäuten.
3. Die Knoblauchzehen schälen und würfeln. Das Gemüse grob pürieren, mit Knoblauch, Olivenöl und Zitronensaft mischen und mit Salz abschmecken.

Tipps

- Das Ajvar schmeckt prima zu gegrilltem Fleisch, Cevapcici oder Fladenbrot.
- Sie können auch eine größere Menge auf Vorrat zubereiten: Dafür die Zutaten (ohne das Olivenöl) in einem Topf einige Minuten kochen, dann das Olivenöl zufügen und das Ajvar in sterilisierte Gläser mit Schraubverschluss füllen. Es hält sich dunkel und kühl aufbewahrt 3–4 Monate.

Grundrezept Pesto

Für 2 Portionen

½ Bund	**Basilikum, glatte Petersilie, Rauke oder Bärlauch**
1	kleine Knoblauchzehe
1 EL	**Pinienkerne (oder Mandeln)**
1 Prise	Jodsalz
50 ml	Olivenöl und evtl. etwas Öl zusätzlich
1–2 EL	**geriebener Parmesan**

1. Die Kräuter von den Stielen abzupfen und hacken. Die Knoblauchzehe hacken.
2. Die Pinienkerne in einer Pfanne ohne Fett anrösten. Kräuter, Knoblauch, Salz und Pinienkerne zusammen mit dem Olivenöl im Mixer oder mit einem Pürierstab kurz durchmixen. Die Zutaten sollen noch leicht stückig bleiben.
3. Den Parmesan unterrühren. Soll das Pesto nicht sofort aufgebraucht werden, wird es in ein sauberes Schraubdeckelglas gefüllt. Zum Schluss noch mit einer Schicht Öl bedecken, damit es nicht verdirbt.

Tipps

- Das Pesto ist ideal, um Kräuterreste haltbar zu machen. Es kann im Kühlschrank etwa 3 Wochen aufbewahrt werden.
- Es passt nicht nur zu Nudelgerichten. Schmecken Sie z. B. Gemüse- oder Sahnesaucen damit ab, rühren Sie es in ein Risotto oder als Brotaufstrich unter Magerquark, marinieren Sie Grillfleisch damit.

Pflaumensauce

Für 2 Portionen

ca. 100 g	**reife Pflaumen**
½ EL	Butter
5 EL	Rinderbrühe oder -fond
	Jodsalz, Pfeffer aus der Mühle
1 Msp.	**Lebkuchengewürz**
1 Msp.	**Zimt**
1 EL	Crème fraîche

1. Die Pflaumen längs halbieren und entsteinen.
2. Die Butter in einer Pfanne erhitzen (hat man bereits Fleisch in einer Pfanne gebraten, kann man das Bratfett abgießen und die Butter in derselben Pfanne im Bratensatz zerlassen). Die Pflaumen kurz darin erwärmen und dann die Brühe angießen.
3. Die Gewürze zugeben und die Pflaumen garen, bis sie weich sind und der Sud etwas eingekocht ist. Zum Schluss die Crème fraîche unterrühren und die Sauce mit den Gewürzen abschmecken.

Variation:
Das Rezept eignet sich auch für Mirabellen und Pfirsiche.

Tipp

Die Sauce passt besonders gut zu gebratenem Schweinefleisch, z. B. Kotelett, Kasseler oder Schweinesteak.

Linsen-Aufstrich

Für 2 Portionen als Brotaufstrich

ca. 100 g	gekochte rote Linsen
50 g	Schafskäse
1	Frühlingszwiebel
1	große Tomate
2	Zweige Thymian
1 TL	Rapsöl
1 EL	Weißweinessig
	Jodsalz, Pfeffer aus der Mühle

1. Die Linsen in einem Sieb gut abtropfen lassen, leicht ausdrücken und zusammen mit dem Schafskäse pürieren.
2. Die Frühlingszwiebel in sehr feine Ringe schneiden, die Tomate entkernen und fein würfeln, beides unter das Linsenpüree rühren.
3. Die Thymianblättchen von den Zweigen streifen, zusammen mit Öl und Essig unter das Püree heben und alles mit Salz und Pfeffer abschmecken.

Schinken-Aufstrich

Für 2 Portionen als Brotaufstrich

1 dünne Scheibe	roher Schinken, ca. 25 g
1 kleine	Cornichon
1–1½ EL	weiche Butter
1 EL	Schnittlauchröllchen
	Paprikapulver, edelsüß
	Pfeffer aus der Mühle

1. Den Schinken von Fett und evtl. vom Rand befreien und in feine Streifen schneiden. Die Cornichon fein würfeln.
2. Die Butter mit den Quirlen des elektrischen Handrührgeräts cremig aufschlagen, die vorbereiteten Zutaten und die Schnittlauchröllchen unterrühren. Den Aufstrich mit Paprikapulver und Pfeffer abschmecken.

Variation:
Anstelle von Schinken kann auch fein geschnittene Salami verwendet werden.

Apfel-Meerrettich-Aufstrich

Für 2 Portionen als Brotaufstrich

1	**kleiner Apfel**
1 TL	Zitronensaft
2 TL	**Meerrettich aus dem Glas**
125 g	Frischkäse
½ TL	Honig
	Jodsalz, Pfeffer aus der Mühle
1 TL	Thymianblättchen

1. Den Apfel fein raspeln und sofort mit dem Zitronensaft mischen. Meerrettich, Quark, Frischkäse und Honig unterrühren.
2. Den Aufstrich mit Salz, Pfeffer und Thymian abschmecken.

Tipp
Sie können den Aufstrich auch zu Räucherforelle und Toast servieren.

Forellenpüree

Für 2 Portionen als Vorspeise

ca. 125 g	geräucherte Forelle oder Räucherlachs
2 EL	Magerquark
1 EL	Crème fraîche
1 EL	Zitronensaft
½ TL	Senf
	Jodsalz, Pfeffer aus der Mühle

1. Die Forelle häuten und alle Gräten entfernen, das Fleisch zerpflücken und pürieren.
2. Zusammen mit Quark, Crème fraîche, Zitronensaft und Senf zu einem glatten Püree rühren. Mit Salz und Pfeffer abschmecken.

Tipp

Je nach Menge kann man das Püree zu Nocken formen und mit Toast und Blattsalat als Vorspeise servieren oder als Brotaufstrich verwenden.

Möhren-Kräuterquark-Aufstrich

Für 2 Portionen als Brotaufstrich

1	**Möhre**
½	Knoblauchzehe
1 EL	**gemahlene Mandeln**
100 g	Quark
1–2 TL	**süße Sahne**
1 EL	frische, gehackte Kräuter
	Jodsalz, Pfeffer aus der Mühle

1. Die Möhren und die Knoblauchzehe schälen und fein reiben. Mit den Mandeln, dem Quark, der Sahne und der Hälfte der Kräuter glatt rühren und mit Salz und Pfeffer abschmecken.
2. Den Aufstrich mit den restlichen Kräutern bestreut servieren.

Variation:

- Die Mandeln können auch weggelassen werden.
- Sie können den Aufstrich auch noch mit Sesamsaat oder Sonnenblumenkernen bestreuen.

Tipp

Der Möhrenaufstrich schmeckt zu frisch gebackenem Vollkornbrot oder zum Kartoffelbrot (→ Seite 181).

Suppen und Eintopfgerichte

- Tomaten-Brot-Suppe 123
- Suppe mit Semmelbrösel-Klößchen 124
- Gazpacho (Kalte Gemüsesuppe) 125
- Erbsen-Zitronen-Suppe 126
- Sommerliche Melonensuppe mit Garnelen 127
- Minestrone 128
- Kartoffel-Gemüse-Suppe 130
- Buntes Curry-Gemüse-Geschnetzeltes 131
- Kartoffeln und Gemüse in Béchamelsauce 132
- Kartoffelgulasch 133
- Chili con carne 134

Tomaten-Brot-Suppe (Pappa col pomodoro)

Für 2 Portionen

ca. 125 g	**trockenes Bauernbrot, Mischbrot oder Roggenbrot**
400 g	vollreife Tomaten (ersatzweise gehackte Tomaten aus der Dose)
2	Knoblauchzehen
2 EL	Olivenöl
500 ml	Gemüsebrühe
	Jodsalz, Pfeffer aus der Mühle
	Zucker
je 1 EL	gehackte glatte Petersilie und gehacktes Basilikum

1. Die Brotscheiben im Toaster rösten. Die Tomaten vierteln und vom Stielansatz befreien. Den Knoblauch fein hacken.
2. Das Olivenöl in einem Topf erhitzen und Tomaten mit dem Knoblauch darin andünsten. Mit der Brühe aufgießen und etwa 5 Minuten köcheln, anschließend mit dem Pürierstab fein pürieren.
3. Die Brotscheiben in grobe Stücke zerschneiden und dazugeben, die Suppe mit Salz, Pfeffer und etwas Zucker abschmecken. Alles bei geringer Hitze etwa 15 Minuten zu einer dicken Suppe kochen. Vor dem Servieren die Kräuter unterrühren.

Variation:
Bereiten Sie die Suppe ohne Brot zu und reichen Sie es getoastet und in Würfel geschnitten dazu.

Suppe mit Semmelbrösel-Klößchen

Für 2 Portionen

1	**Ei**
1 EL	Butter
ca. 100 g	**selbst hergestellte Semmelbrösel aus trockenem Brot**
	Jodsalz, frisch geriebene Muskatnuss
500 ml	Rinderbrühe
4 EL	Schnittlauchröllchen oder gehackte glatte Petersilie

1. Das Ei trennen, das Eiweiß steif schlagen. Die Butter mit dem Eigelb schaumig rühren. Das Eiweiß unterheben und so viel Semmelbrösel dazugeben, dass eine schnittfeste Masse entsteht, mit Salz und Muskat würzen.
2. Mit einem Teelöffel kleine Klößchen abstechen und in siedendem Salzwasser etwa 8 Minuten gar ziehen lassen.
3. Die Rinderbrühe erhitzen, die Klößchen hineingeben und mit Kräutern bestreut heiß servieren.

Gazpacho (Kalte Gemüsesuppe)

Für 2 Portionen

ca. 120 g	**Weißbrot oder Ciabatta**
250 ml	Gemüsebrühe, abgekühlt
2 EL	Rotweinessig
400 g	vollreife Tomaten (ersatzweise gehackte Tomaten aus der Dose)
1	kleine Salatgurke, ca. 400 g
1	kleine rote Paprikaschote
1	Knoblauchzehe
2 EL	natives Olivenöl extra
	Jodsalz, Pfeffer aus der Mühle
	Zucker
	Chilipulver

1. Das Weißbrot in Würfel schneiden. Mit Brühe und Essig begießen und einige Minuten einweichen.
2. In der Zwischenzeit die frischen Tomaten heiß überbrühen, enthäuten und hacken. Die Gurke schälen, längs halbieren, mit einem Löffel entkernen. Die Paprikaschote entkernen.
3. Einen Teil des vorbereiteten Gemüses in feine Würfel schneiden, es sollen etwa 2 EL Gemüsewürfel entstehen. Die Gemüsewürfel in einem verschließbaren Behälter in den Kühlschrank stellen. Das restliche Gemüse grob hacken.
4. Das Brot mit Essig und Brühe sowie das gehackte Gemüse fein pürieren. Den Knoblauch durchpressen und dazugeben, das Olivenöl unterrühren und die Suppe mit Salz, Pfeffer, Zucker und etwas Chilipulver abschmecken.
5. Die Gazpacho mindestens 2 Stunden im Kühlschrank gut durchkühlen lassen. Mit den Gemüsewürfeln bestreut servieren. Dazu schmeckt Brot.

Erbsen-Zitronen-Suppe

Für 2 Portionen

1	Ei
2 EL	saure Sahne
2 TL	Zitronensaft
500 ml	Gemüsebrühe
250 g	TK-Erbsen
	einige Zweige Basilikum
50 g	gekochter Schinken, vom Fettrand befreit
2 Zesten	von einer Bio-Zitrone

1. Das Ei mit der sauren Sahne und dem Zitronensaft verrühren.
2. Die Gemüsebrühe in einem Topf aufkochen und die Erbsen darin etwa 6 Minuten gar ziehen lassen.
3. In der Zwischenzeit die Basilikumblätter abzupfen und in Streifen schneiden, den Schinken würfeln. Kurz vor Ende der Garzeit der Erbsen in die Suppe geben.
4. Die Suppe vom Herd ziehen, Zitronenzesten und verquirltes Ei unterrühren, mit etwas Pfeffer abschmecken und sofort servieren.

Sommerliche Melonensuppe mit Garnelen

Für 2 Portionen

4–6	mit Schale gebratene Riesengarnelen
2 TL	Rapsöl
1 TL	Tomatenmark
1 EL	Balsamico-Essig
2 TL	Vollrohrzucker
125 ml	Gemüse- oder Geflügelbrühe
50 ml	süße Sahne
½	Honigmelone
	etwas Zitronensaft
	Salz, Chilipulver
	einige Basilikum- oder Minzeblättchen zum Garnieren

1. Die Garnelen schälen und entdarmen. Kopf und Schalen in Öl etwa 2 Minuten anrösten, Tomatenmark zufügen und kurz anrösten. Balsamico und Zucker zufügen und aufkochen, dann mit Brühe und Sahne auffüllen und 10 Minuten auf geringer Stufe ziehen lassen.
2. Das Melonenfleisch in Stücke schneiden und fein pürieren. Den Garnelenfond durch ein Sieb gießen und mit dem Melonenpüree verrühren. Mit Zitronensaft, Salz und Chilipulver abschmecken. Mindestens 2 Stunden im Kühlschrank durchkühlen lassen.
3. Vor dem Servieren die Garnelen in Stücke schneiden und in die Suppe geben. Eiskalt mit Kräuterblättchen garniert servieren.

Minestrone

Für 2 Portionen

50 g	weiße getrocknete Bohnen
300 g	gemischtes Gemüse (z. B. Möhre, Lauch, Staudensellerie, Fenchel, Romanesco, Zucchini, grüne Bohnen, Wirsing)
1	kleine Kartoffel
40 g	durchwachsener Speck
1	Schalotte
1	Knoblauchzehe
1 EL	Olivenöl
je 1	Thymian-, Majoran- und Rosmarinzweig
300 ml	Gemüsebrühe
100 g	kleine Nudeln
1	Tomate
2 EL	gehackte glatte Petersilie
2 EL	frisch geriebener Parmesan

1. Die Bohnen über Nacht in reichlich kaltem Wasser einweichen.
2. Das Gemüse je nach Art in Scheiben oder mundgerechte Stücke schneiden, die Kartoffel schälen, Kartoffel und Speck würfeln. Die Schalotte und den Knoblauch schälen und fein würfeln.
3. Das Öl in einem großen Topf erhitzen, den Speck darin knusprig anbraten, dann Schalotten- und Knoblauchwürfel darin glasig braten. Die eingeweichten Bohnen und die Kräuterzweige zugeben und kurz andünsten, dann mit Fleischbrühe aufgießen und zugedeckt 1 Stunde bei schwacher Hitze köcheln lassen.

4. Das Gemüse, die Kartoffelwürfel und die Nudeln in die Suppe geben und alles etwa 10 Minuten garen. Die Tomate enthäuten, entkernen und in kleine Würfel schneiden.
5. Die Kräuterzweige entfernen, die Tomate mit der Petersilie unter die Suppe rühren und mit Parmesan bestreut servieren.

Tipps

- Die Minestrone ist ein wahrer Tausendsassa unter den Resteverwertern: Zum einen können Sie dafür fast jede Gemüseart verwenden, zum anderen auch kleine Mengen Kartoffeln oder Nudeln verarbeiten.
- Sie können auch bereits gegartes Gemüse, Kartoffeln oder Nudeln für diese Suppe verwenden. Diese Zutaten werden dann zusammen mit der Tomate dazugegeben und nur kurz erwärmt.
- Schneller geht das Rezept mit gegarten Bohnen aus der Dose.

Kartoffel-Gemüse-Suppe

Für 2 Portionen

ca. 250 g	**Pell- oder Salzkartoffeln**
ca. 150 g	**rohes oder gegartes Gemüse (z. B. Knollensellerie, Möhren, Lauch, Kohlrabi, Brokkoli, Blumenkohl, Petersilienwurzel)**
1	kleine Zwiebel
1 EL	Rapsöl
500 ml	Gemüsebrühe
ca. 4 EL	süße Sahne oder Crème fraîche
	Jodsalz, Pfeffer aus der Mühle
ca. 2 EL	gehackte, frische Kräuter (z. B. glatte Petersilie oder Liebstöckel)

1. Kartoffeln und Gemüse in Stücke schneiden. Die Zwiebel fein hacken und in einem Topf im Öl andünsten. Rohes Gemüse zugeben und kurz mitdünsten.
2. Die Gemüsebrühe angießen und aufkochen lassen. Wird rohes Gemüse verwendet, dieses etwa 15 Minuten in der Brühe garen (gegarte Kartoffeln und Gemüse nur kurz in der Brühe erhitzen).
3. Die Suppe mit einem Pürierstab sehr fein pürieren. Die Sahne oder Crème fraîche unterheben und alles mit Salz und Pfeffer abschmecken. Mit frischen Kräutern bestreut servieren.

Variation:

Streuen Sie knusprig gebratene Speck- oder Kartoffelwürfel, Brotcroûtons oder in Streifen geschnittenen Räucherlachs auf die Suppe.

Tipp

Sie können die Suppe selbstverständlich auch mit rohen Kartoffeln zubereiten. Diese werden wie das rohe Gemüse 15 Minuten gegart.

Buntes Curry-Gemüse-Geschnetzeltes

Für 1 Portion

2	Frühlingszwiebeln
2	Aprikosen
1	kleine rote oder orange Paprikaschote
½ EL	Rapsöl
1 TL	gehackter frischer Ingwer
1 TL	scharfes Currypulver
100 ml	Kokosmilch (ersatzweise süße Sahne)
100 g	TK-Erbsen
ca. 100 g	Geschnetzeltes (Pute, Schwein, Kalb), mit oder ohne Sauce
	Jodsalz, Pfeffer aus der Mühle

1. Die Frühlingszwiebeln in Ringe schneiden, die grünen Teile beiseitelegen. Die Aprikosen halbieren, entsteinen und achteln. Die Paprika in schmale Steifen schneiden.
2. Das Öl in einem Topf erhitzen und die weißen Frühlingszwiebelringe, den Ingwer und das Currypulver bei mäßiger Hitze darin andünsten. Paprika dazugeben und etwa 2 Minuten andünsten. Mit Kokosmilch aufgießen, Aprikosen und Erbsen zugeben und bei kleiner Hitze zugedeckt etwa 5 Minuten garen.
3. Kurz vor Ende der Garzeit das Geschnetzelte zufügen und gut erwärmen. Das Gericht mit Salz, Pfeffer und evtl. Curry abschmecken und mit Frühlingszwiebelringen bestreut servieren. Dazu passt Basmati- oder Naturreis.

Variation:
Bereiten Sie das Gericht als vegetarisches Kartoffelcurry zu: Anstelle des Geschnetzelten benötigen Sie dann 200 g Salzkartoffeln und 50 ml Kokosmilch (oder Sahne) zusätzlich.

Tipp

Wenn Sie keinen Kokosmilchrest haben und für das Gericht keine ganze Dose (400 ml) aufmachen möchten, ersetzen Sie die Kokosmilch durch Sahne. Da der Kokosgeschmack gut mit Aprikosen und Curry harmoniert, können Sie das Gericht noch mit 1 EL gerösteten Kokosraspeln bestreuen.

Kartoffeln und Gemüse in Béchamelsauce

Für 2 Portionen als Beilage

10 g	Butter
1 EL	Weizenvollkornmehl
125 ml	Gemüsebrühe
125 ml	Milch
ca. 200 g	Pellkartoffeln
ca. 200 g	gegartes Gemüse (z. B. Möhren, Kohlrabi, Spargel, Erbsen)
	Jodsalz, Pfeffer aus der Mühle
	frisch geriebene Muskatnuss
1 EL	frische, gehackte Kräuter (z. B. Petersilie)

1. Die Butter in einem Topf zerlassen und das Mehl darin unter Rühren aufschäumen. Mit Brühe und Milch unter Rühren aufgießen und kräftig aufkochen lassen.
2. Bei geringer Hitze unter ständigem Rühren etwa 5 Minuten köcheln und dabei eindicken lassen. Kartoffeln schälen und in Scheiben sowie Gemüse, falls nötig, in mundgerechte Stücke schneiden.
3. Die Béchamelsauce mit Salz, Pfeffer und Muskat abschmecken, Kartoffeln und Gemüse hineingeben und in der Sauce erwärmen. Mit Kräutern bestreut servieren.

Tipp

Die Beilage passt zu gebratenen Fisch- oder Fleischgerichten.

Kartoffelgulasch

Für 2 Portionen

500 g	Kartoffeln
1	Möhre
1 Stange	Lauch
1 EL	Rapsöl
1 TL	Paprikapulver, rosenscharf
2 EL	Tomatenmark
250 ml	Gemüsebrühe
½ EL	Majoranblättchen
ca. 100 g	Wurst (z. B. Paprikasalami, Lyoner, Fleischwurst, Wiener Würstchen)
	Jodsalz, Pfeffer aus der Mühle

1. Die Kartoffeln schälen und in etwa 1 cm große Würfel schneiden. Die Möhre in dünne Scheiben schneiden, den Lauch (nur die weißen und hellgrünen Teile verwenden) in dünne Ringe schneiden.
2. Das Öl in einem Topf erhitzen und Kartoffeln, Möhren und Lauch darin andünsten. Das Paprikapulver und das Tomatenmark zugeben und kurz unter Rühren anrösten. Die Brühe angießen, den Majoran zugeben und das Gulasch zugedeckt in etwa 15 Minuten weich kochen.
3. Die Wurst in kleine Würfel schneiden und im Gulasch erwärmen. Mit Salz und Pfeffer abschmecken.

Chili con carne

Für 2 Portionen

1	Chilischote
1	Knoblauchzehe
1	Zwiebel
1 EL	Rapsöl
200 g	Tatar
100 ml	Gemüsebrühe
1 Dose	gehackte Tomaten, 400 g
	Jodsalz, Pfeffer aus der Mühle
1 TL	Zucker
1 TL	gemahlener Kreuzkümmel
	Chilipulver nach Geschmack
1	**rote Paprikaschote**
100 g	**Kidney-Bohnen**
½ Dose	**Maiskörner, 225 g**
2 EL	saure Sahne
2 EL	gehackte Petersilie

1. Die Chilischote entkernen und fein hacken, Knoblauch und Zwiebel schälen und ebenfalls fein hacken.
2. Das Öl in einem Topf erhitzen, das Tatar darin rundherum krümelig anbraten, Chilischote, Knoblauch und Zwiebel zufügen und andünsten. Gemüsebrühe, Tomaten und Gewürze zufügen und etwa 20 Minuten bei geringer Hitze offen köcheln lassen.
3. Inzwischen die Paprikaschote in Streifen schneiden und nach 10 Minuten Kochzeit hinzufügen. Nach 20 Minuten Bohnen und Mais zufügen und erwärmen. Das Chili con carne mit je einem Klecks saurer Sahne und gehackter Petersilie servieren.

Variationen:

- Das Rezept schmeckt auch mit gegarten roten Linsen anstelle von Bohnen. Oder eine ganze Dose Bohnen und dafür nur eine halbe Dose Mais verwenden.
- Für ein vegetarisches Chili kann das Fleisch durch Tofu ersetzt werden: Den Tofu würfeln und mit Sojasauce und Chilipulver mischen, dann rundherum anbraten, aus dem Topf nehmen und erst wieder zusammen mit den Hülsenfrüchten zufügen.

Pfannengerichte

- Kartoffel-Fleisch-Pfanne 137
- Rindfleisch-Rosenkohl-Pfanne 138
- Bunte Fischstäbchen 139
- Nudel-Frittata 140
- Pasta mit Räucherlachs 141
- Grüner Risotto 142
- Asia-Rollen mit Glasnudel-Nuss-Füllung 143
- Reisbällchen 144
- Bunte Tortilla 145
- Kartoffel-Gemüse-Küchlein 146
- Kartoffelplätzchen 147

Kartoffel-Fleisch-Pfanne

Für 2 Portionen

ca. 400 g	Pellkartoffeln
ca. 200 g	gekochtes oder gebratenes Fleisch (z. B. Schweinebraten, Rindfleisch, Grillfleisch, Eisbein, Tafelspitz, oder Schnitzel)
1	Zwiebel
1 EL	Rapsöl
2	Eier
ca. 1 EL	Milch
1 TL	Kümmel, grob gehackt
	Jodsalz, Pfeffer aus der Mühle
½ Bund	gehackte glatte Petersilie

1. Die Kartoffeln schälen und in Scheiben schneiden. Das Fleisch in Streifen schneiden. Die Zwiebel fein hacken. Fleisch und Zwiebeln in einer kleinen Pfanne in 1 TL Rapsöl kräftig anbraten, herausnehmen. Die Eier mit etwas Milch verquirlen.
2. In einer gusseisernen oder beschichteten Pfanne die Kartoffeln von beiden Seiten im restlichen Rapsöl goldbraun braten, mit Kümmel, Salz und Pfeffer würzen. Fleisch und Zwiebeln unterheben. Die Eier darübergießen und vorsichtig umrühren, bis die Eimasse gestockt ist. Mit Petersilie bestreut servieren.

Tipp

Zu dem traditionellen Gericht aus Berlin passt ein grüner Salat oder ein Tomatensalat.

Rindfleisch-Rosenkohl-Pfanne

Für 2 Portionen

300 g	Rosenkohl
	Jodsalz
1	Knoblauchzehe
1	Schalotte
200 g	Sojasprossen
40 g	**Cashewkerne**
1½ EL	Rapsöl
2 EL	Sojasauce
evtl. 1 EL	trockener Sherry
200 ml	Asia-Fond aus dem Glas (ersatzweise Gemüsebrühe)
½ EL	Speisestärke
200 g	**gebratenes Rindfleisch, in Streifen**
	Pfeffer aus der Mühle

1. Den Rosenkohl in Salzwasser in etwa 15 Minuten bissfest kochen. Die Knoblauchzehe und die Schalotte schälen und fein hacken. Die Sprossen abspülen und gut abtropfen lassen. Die Cashewkerne in einer Pfanne ohne Fett leicht anrösten.
2. Den Rosenkohl abgießen, kalt abschrecken und gut abtropfen lassen. Das Öl in einer Pfanne oder im Wok erhitzen und den Rosenkohl darin anbraten, Knoblauch und Schalotte zugeben und kurz andünsten. Sojasauce und eventuell den Sherry dazugeben. Den Fond angießen und aufkochen lassen, die Speisestärke unterrühren.
3. Rindfleisch und Sojasprossen dazugeben und 1–2 Minuten unter Rühren erwärmen. Das Ganze mit Salz und Pfeffer abschmecken und mit den Cashewkernen bestreut servieren.

Tipp

Wenn Sie noch Reste von gegartem Reis oder Nudeln haben, können Sie diese zusammen mit dem Rindfleisch in der Sauce erwärmen. Dazu passt Basmatireis.

Variation:

Das Gericht schmeckt auch mit Schweinefleisch sehr gut, verwenden Sie dafür z. B. ein in Streifen geschnittenes Schnitzel.

Bunte Fischstäbchen

Für 2 Portionen

300 g	Seelachsfilet (TK)
25 g	Weizenmehl
1	Ei
1 TL	Zitronensaft
	Jodsalz, Pfeffer aus der Mühle
ca. 70 g	**Möhren**
ca. 70 g	**Zucchini**
70 g	**Haferflocken**
1 TL	gehackter Dill
1 EL	Rapsöl zum Braten

1. Das Fischfilet antauen lassen und mit einem scharfen Messer in etwa 2 cm breite Streifen schneiden.
2. Das Mehl auf einen tiefen Teller geben.
3. In einem zweiten Teller Ei, Zitronensaft, Salz sowie Pfeffer verquirlen.
4. Karotten und Zucchini fein reiben. In einem weiteren tiefen Teller geriebenes Gemüse mit Haferflocken, Dill und etwas Salz vermischen.
5. Die Fischfiletstreifen nacheinander in Mehl, Ei und der Gemüsepanade wenden. Die Panade etwas andrücken.
6. Das Öl in einer Pfanne erhitzen und die Fischstäbchen von allen Seiten etwa 2 Minuten knusprig braten.

Tipp

Dazu passen z. B. Kartoffelpüree und ein Gurkensalat.

Nudel-Frittata

Für 1 Portion

1/3	**Zucchini (ca. 60 g)**
	Jodsalz
250–300 g	**gekochte Spaghetti (oder Spaghettini; ca. 100 g Rohware)**
	Pfeffer aus der Mühle
	Chilipulver
1 EL	Rapsöl
1	Ei

1. Die Zucchini grob raspeln, mit etwas Salz in einem Sieb mischen. 15 Minuten ziehen lassen, die Raspel dann gründlich im Sieb ausdrücken. Die Spaghetti in fingerlange Stücke schneiden.
2. Das Ei verquirlen und mit den Zucchini und den Spaghetti mischen, mit Pfeffer und Chili würzen.
3. Das Öl in einer beschichteten Pfanne erhitzen, die Spaghettimasse hineingeben, mit einem Pfannenwender flach drücken und bei mittlerer Hitze von beiden Seiten goldbraun braten. Die Nudel-Frittata auf Küchenkrepp abtropfen lassen.

Tipp

Dazu passen die Möhrensauce (→ Seite 113) oder die Paprikasauce (→ Seite 114).

Pasta mit Räucherlachs

Für 2 Portionen

200 g	Bandnudeln
	Jodsalz
ca. 80 g	**Räucherlachs oder Garnelen**
100 ml	Milch
100 ml	Orangensaft
75 g	Crème fraîche
ca. 150 g	**gegartes Frühlingsgemüse (Zuckerschoten, Erbsen, Kohlrabistücke, Spargelstücke, Brokkoli- oder Romanescoröschen)**
	Pfeffer aus der Mühle
2 EL	frische, gehackte glatte Petersilie oder Kerbel

1. Die Nudeln in Salzwasser bissfest kochen. Inzwischen den Räucherlachs in feine Streifen schneiden.
2. Die Milch mit dem Orangensaft aufkochen, die Crème fraîche darin auflösen. Den Räucherlachs und das Gemüse kurz in der Sauce erwärmen.
3. Die Nudeln abgießen, abtropfen lassen und mit der Sauce mischen. Das Gericht mit etwas Pfeffer übermahlen und mit Kräutern bestreut servieren.

Variation:

Anstelle von Räucherlachs können Sie auch Reste von gebratenem Lachsfilet verwenden.

Grüner Risotto

Für 1 Portion

1	Schalotte
1	Knoblauchzehe
1 TL	Butter
1 TL	Olivenöl
70 g	**Risottoreis**
evtl. 2 EL	trockener Weißwein
125 ml	Gemüsebrühe
1 EL	Pinienkerne
ca. 50 g	**frischer Spinat oder Rauke**
	Jodsalz, Pfeffer aus der Mühle
1 EL	**frisch geriebener Parmesan oder Pecorino**

1. Die Schalotte und die Knoblauchzehe fein würfeln. Die Butter und das Olivenöl in einer Pfanne erhitzen und beides darin glasig dünsten. Den Reis hinzufügen und einrühren, bis alle Reiskörnchen mit einem Fettfilm überzogen sind.
2. Eventuell den Wein und dann nach und nach die Gemüsebrühe angießen, dabei ständig weiterrühren. Erst wieder neue Brühe zugeben, wenn der Reis die Flüssigkeit aufgenommen hat. Den Reis je nach Sorte unter Rühren etwa 25 Minuten garen.
3. Inzwischen die Pinienkerne in einer Pfanne ohne Fettzugabe rösten. Den Spinat oder die Rauke von den Stielen befreien und kurz vor Ende der Garzeit unter den Risotto ziehen. Den Risotto mit Salz und Pfeffer abschmecken und mit Käse bestreut servieren.
   Dazu passt ein frischer Salat.

Variation:

Sie können kurz vor Ende der Garzeit noch 1–2 Scheiben in Streifen geschnittenen luftgetrockneten Schinken zufügen.

Asia-Rollen mit Glasnudel-Nuss-Füllung

Für 4 Portionen

½ Packung (225 g)	tiefgefrorener Frühlingsrollenteig aus dem Asia-Laden
1	rote Zwiebel
1	**rote Paprikaschote**
75 g	Walnusskerne
4 EL	Öl
150 g	gemischtes Hackfleisch
ca. 6 EL	**Chilisauce (Fertigprodukt)**
ca. 250 g	**eingeweichte Glasnudeln**
	Jodsalz
	frische, gehackte Petersilie

1. Den Teig bei Zimmertemperatur auftauen lassen. Die Zwiebel schälen und in Streifen schneiden, die Paprika in Würfel schneiden. Die Walnüsse grob hacken.
2. 2 EL des Öls erhitzen. Das Hackfleisch etwa 6 Minuten darin anbraten. Nach 4 Minuten Zwiebeln, Paprika und Walnüsse dazugeben und mitbraten. Mit Chilisauce und Salz würzen.
3. Die Glasnudeln mit einer Schere klein schneiden und unter die Hack-Gemüse-Mischung heben. 8 Teigblätter auf einer Arbeitsplatte auslegen. Die Füllung auf die Mitte der Teigblätter verteilen. Die untere Ecke über die Füllung legen, die Seiten rechts und links nach innen über die Füllung schlagen und die Teigblätter zusammenrollen.
4. Die Asia-Rollen mit restlichem Öl bepinseln und im Backofen bei 200 °C 15–20 Minuten backen, dabei einmal wenden. Auf einer Platte anrichten und mit Petersilie garnieren. Dazu schmeckt Chilisauce zum Dippen.

Tipps

- Das Öl ist heiß genug, wenn ein Brotwürfel darin binnen weniger Sekunden braun wird.
- Anstelle von Glasnudeln können Sie die Frühlingsrollen auch mit gebratenem Reis oder Risotto füllen.

Reisbällchen

Für 2 Portionen
als Beilage

2	Eier
200 g	gekochter Reis
ca. 2 EL	Weizenvollkornmehl
½ EL	gehackte Korianderblättchen (ersatzweise glatte Petersilie)
2 TL	abgeriebene Schale von 1 Bio-Zitrone
	Jodsalz, Pfeffer aus der Mühle
5 EL	Semmelbrösel
3 EL	Sesamsaat
	Öl zum Ausbacken

1. Die Eier trennen. Das Eiweiß in einem tiefen Teller verquirlen. Den Reis mit einer Gabel auflockern und mit Eigelb, Mehl, Korianderblättchen und Zitronenschale verrühren. Mit Salz und Pfeffer würzen. Es soll eine gut formbare Masse entstehen, je nach Konsistenz des Reises muss eventuell noch etwas Mehl hinzugefügt werden.
2. Aus der Reismasse mit feuchten Händen etwa 16 Bällchen formen. Die Semmelbrösel und die Sesamsaat in einem weiteren tiefen Teller mischen. Die Bällchen zunächst im Eiweiß, dann in der Bröselmischung wenden und die Panade andrücken.
3. Reichlich Öl in einer großen Pfanne erhitzen. Die Bällchen portionsweise hineingeben, mit einem Pfannenwender etwas flach drücken und von beiden Seiten kurz anbraten. Bei mittlerer Temperatur etwa 3 Minuten goldbraun braten (die Panade wird rasch dunkel, daher die Temperatur eventuell während des Bratens reduzieren). Auf Küchenpapier abtropfen lassen. Dazu schmecken asiatisch gewürzte Schweinefleischspieße, eine süß-scharfe Asia-Sauce und gemischte Blattsalate mit Vinaigrette.

Variation:

- Das Gericht kann auch mit Resten von Paella oder Risotto zubereitet werden.
- Auch etwas gegartes, fein gewürfeltes Gemüse, gebratenes Fleisch oder Garnelen und zusätzlich etwas geraspelter Käse können unter die Reismasse gegeben werden.

Bunte Tortilla

Für 1 Portion

1	**mittelgroße Pellkartoffel (ca. 125 g)**
ca. 100 g	**Gemüse (z. B. ½ rote Paprikaschote, gegarte Erbsen oder grüne Bohnen)**
80 g	**Würstchen (z. B. 1 Wiener Würstchen) oder Dauerwurst (z. B. Chorizo, Debreziner)**
1	Ei
2 EL	Milch
ca. 1 EL	frische, gehackte Kräuter (z. B. Schnittlauch oder glatte Petersilie)
	Jodsalz, Pfeffer aus der Mühle
	frisch geriebene Muskatnuss
1 TL	Rapsöl

1. Die Kartoffel schälen und in dünne Scheiben schneiden, das Gemüse je nach Sorte in Streifen oder Stücke schneiden. Die Wurst schräg in dünne Scheiben schneiden.
2. Das Ei mit der Milch und der Hälfte der Kräuter verquirlen, mit Salz, Pfeffer und Muskat kräftig würzen.
3. Das Öl in einer – möglichst gusseisernen oder beschichteten – kleinen Pfanne erhitzen, Kartoffeln, Gemüse und Wurst hineingeben und kurz anbraten. Die Eiermilch darübergießen und bei geringer Hitze stocken lassen.
4. Wenn nur noch die oberste Schicht der Eiermilch leicht flüssig ist, die Tortilla wenden und ganz kurz von der anderen Seite stocken lassen. Mit den restlichen Kräutern bestreut servieren.

Variation:

Anstelle von Wurst können Sie Reste von gegarten Garnelen, Fisch oder Thunfisch verwerten.

Tipp

Dazu passen die Paprikasauce (→ Seite 114) oder der Tomatendip (→ Seite 109).

Kartoffel-Gemüse-Küchlein

Für 2 Portionen oder 4 Portionen als Beilage

300 g	**Gemüse (z. B. Möhren, Zucchini, Petersilienwurzel)**
ca. 100 g	Kartoffeln, roh
1	Ei
2 EL	**geriebener Hartkäse (z. B. Parmesan, Emmentaler, Manchego)**
½ EL	frische, gehackte Kräuter (z. B. Petersilie, Oregano, Majoran)
	Salz, Pfeffer aus der Mühle
	frisch geriebene Muskatnuss
2–3 EL	Semmelbrösel (je nach Bedarf)
3 EL	Rapsöl

1. Gemüse und Kartoffeln grob raspeln. Die Masse mit dem Ei, dem geriebenen Käse und den Kräutern verrühren, mit Salz, Pfeffer und Muskat abschmecken.
2. So viel Semmelbrösel unterrühren, dass eine formbare Masse entsteht. Die Hälfte des Öls in einer Pfanne erhitzen, die Hälfte der Gemüsemasse mit einem Löffel als kleine Häufchen hineinsetzen und mit dem Pfannenwender zu flachen Küchlein drücken.
3. Die Küchlein von jeder Seite bei mäßiger Hitze 3 Minuten goldbraun braten. Die restliche Gemüsemasse im übrigen Öl ebenso braten.

Dazu passen ein grüner Salat und die Möhrensauce (→ Seite 113).

Variation:

Wer mag und eventuell weitere Reste verwerten möchte, kann die Küchlein vor dem Braten in Sesamsaat, Sonnenblumenkernen oder gehackten Nüssen wenden.

Kartoffelplätzchen

Für 1 Portion als Beilage

150 g	Kartoffelpüree (aus frischen Kartoffeln oder Fertigprodukt)
1	Eigelb
1 EL	Semmelbrösel (oder blütenzarte Haferflocken oder gemahlene Haselnüsse)
	Weizenvollkornmehl zum Bearbeiten
	Öl zum Braten

1. Das Kartoffelpüree mit dem Eigelb und den Semmelbröseln verrühren. Mit bemehlten Händen aus der Masse kleine Kugeln rollen und diese auf einer bemehlten Arbeitsfläche zu Plätzchen formen.
2. Das Öl in einer Pfanne erhitzen und die Plätzchen darin von beiden Seiten knusprig und goldbraun braten. Zu einem bunten Salat oder zu einem Fleischgericht servieren.

Variation:

- Zusätzlich können 1–2 Esslöffel geriebener Käse, fein gehackte gedünstete Zwiebeln oder Kräuter nach Geschmack untergerührt werden.
- Für die klassische Beilage Herzoginkartoffeln die Masse ohne Semmelbrösel zubereiten, mit einem Spritzbeutel mit Sterntülle auf ein mit Backpapier ausgelegtes Backblech spritzen, mit verquirltem Eigelb bepinseln und im auf 220 °C vorgeheizten Backofen etwa 10 Minuten backen.

Ofengerichte

- Hähnchen-Drumsticks mit Tomaten-Avocado-Mais-Salat 149
- Paprika mit würziger Fischfüllung 151
- Lachsfilet mit Walnusskruste 152
- Kartoffel-Mix 153
- Chinakohl-Auflauf 154
- Bunter Nudelauflauf 156
- Feuriger Nudelauflauf 157
- Bunte Restepizza 158
- Bunte Restequiche 160
- Gratinierte Tomaten mit Rosmarin-Walnuss-Pesto 162

Hähnchen-Drumsticks mit Tomaten-Avocado-Mais-Salat

Für 2 Portionen

Hähnchenkeulen:

50 g	**Walnusskerne**
1 EL	**Semmelbrösel**
10 g	Ingwerknolle
2	Hähnchenunterkeulen, 100 g
	Jodsalz, Pfeffer aus der Mühle
1	Ei
20 g	Weizenvollkornmehl

Salat:

3	Tomaten
1	Zwiebel
1	Avocado
½ Dose	**Gemüsemais**
	Saft von 2 Limetten
	Jodsalz, Pfeffer aus der Mühle, Zucker
1–2 EL	Rapsöl
6 Stiele	Minze

1. Die Walnüsse grob hacken, mit den Semmelbröseln mischen. Den Ingwer schälen und fein reiben. Die Hähnchenkeulen waschen, trocken tupfen. Mit Salz, Pfeffer und Ingwer einreiben.
2. Die Eier in einer Schüssel verrühren. Das Mehl auf einen Teller geben. Keulen erst in Mehl, dann in Ei und in der Nusspanade wenden. Auf ein mit Backpapier ausgelegtes Backblech legen und im Backofen bei 200 °C etwa 20 Minuten garen.
3. In der Zwischenzeit die Tomaten in Würfel schneiden. Die Zwiebel schälen und würfeln. Die Avocado halbieren, den Kern entfernen. Das Fruchtfleisch aus der Schale lösen und würfeln. Den Mais abtropfen lassen. Tomaten, Zwiebeln, Avocado und Mais in eine Schüssel geben und mischen.
4. Für die Vinaigrette Limettensaft mit Salz, Pfeffer und Zucker würzen, Öl unterschlagen. Die Minzeblätter abzupfen und grob hacken. Mit der Vinaigrette zum Salat geben und vorsichtig unterheben. Den Salat und die Hähnchen-Drumsticks zusammen anrichten.

Paprika mit würziger Fischfüllung

Für 2 Portionen

ca. 250 g	**gegartes Fischfilet**
2 TL	Zitronensaft
2	Eier
2 EL	**Semmelbrösel**
125 g	Crème légère
2 EL	gehackter Dill
	Jodsalz, Pfeffer aus der Mühle
2	kleine gelbe Paprikaschoten
125 ml	Gemüsebrühe (Instant)
1 EL	**Ajvar** **(Paprikasauce aus dem Glas,** Fertigprodukt oder → Rezept Seite 115, **ersatzweise Tomatenmark)**

1. Das Fischfilet von Gräten befreien und zusammen mit dem Zitronensaft im Mixer oder mit dem Pürierstab grob zerkleinern.
2. Die Masse mit den Eiern, den Semmelbröseln, 2 EL Crème légère und Dill mischen und mit Salz und Pfeffer abschmecken.
3. Die Paprikaschoten halbieren, von Kernen und Trennwänden befreien und die Fischfarce einfüllen. Die Schoten in eine kleine Auflaufform mit Deckel setzen und die Brühe angießen. Im Backofen bei 200 °C zugedeckt etwa 30 Minuten garen.
4. Inzwischen die restliche Crème légère mit dem Ajvar in einem Topf verrühren. Nach Ende der Garzeit den Sud aus der Auflaufform in den Topf gießen und die Sauce unter Rühren kurz aufkochen. Dazu schmecken Salzkartoffeln oder Kartoffelbrei.

Lachsfilet mit Walnusskruste

Für 2 Portionen

50 g	**Walnusskerne**
½	Scheibe Toastbrot
½ Bund	Dill
	abgeriebene Schale von ½ Bio-Zitrone
1 EL	Olivenöl
	Jodsalz, Pfeffer aus der Mühle
2	Lachsfilets, 125 g
1 EL	**Dijonsenf**

1. Die Walnüsse hacken. Das Toastbrot zerkrümeln und in einer Pfanne ohne Fett hellbraun rösten. Den Dill fein hacken. Walnüsse mit Toastbrotkrümeln, Dill, Zitronenschale und Olivenöl mischen. Mit Salz und Pfeffer würzen.
2. Die Lachsfilets abspülen und trocken tupfen. Die Oberseite mit Senf bestreichen. Die Walnussmasse darauf verstreichen und andrücken. Die Lachsfilets mit Klarsichtfolie abdecken und 2 Stunden in den Kühlschrank stellen.
3. Die Lachsfilets auf ein mit Backpapier ausgelegtes Backblech setzen. Im Backofen bei 180 °C etwa 15 Minuten garen. Dazu passen ein Blattsalat mit Vinaigrette und eine Wildreis-Langkornreis-Mischung.

Kartoffel-Mix

Für 2 Portionen

4	große Kartoffeln
	Jodsalz
1	Tomate
½ Kugel	**Mozzarella, ca. 60 g**
2 TL	**grüner Pesto (Fertigprodukt)**
	Pfeffer aus der Mühle
1	Frühlingszwiebel
ca. 4 EL	**selbst gekochte Sauce bolognese**
1 EL	**frisch geriebener Parmesan**

1. Die Kartoffeln in Salzwasser in etwa 25 Minuten gar kochen, abgießen, abschrecken und noch warm pellen. Ein Backblech mit Backpapier belegen, die Kartoffeln längs halbieren und mit den Schnittflächen nach oben daraufsetzen.
2. Den Backofen auf 200 °C vorheizen. Die Tomate und den Mozzarella in dünne Scheiben schneiden. 4 Kartoffelhälften mit Pesto bestreichen, mit den Tomatenscheiben belegen, leicht salzen und pfeffern.
3. Die Frühlingszwiebel in sehr feine Ringe schneiden und mit der Sauce bolognese mischen. Die übrigen 4 Kartoffelhälften damit belegen.
4. Die Kartoffeln im vorgeheizten Backofen auf der mittleren Einschubleiste etwa 10 Minuten überbacken, dann den Mozzarella auf den Tomaten verteilen und den Parmesan auf die Sauce bolognese streuen. Noch etwa weitere 3 Minuten überbacken, bis der Käse geschmolzen ist. Dazu passt ein grüner Salat.

Chinakohl-Auflauf

Für 2 Portionen

1 Kopf	Chinakohl, ca. 700 g
200 g	**Kartoffeln (geschält gewogen, oder 200 g nicht zu weich gekochte Pellkartoffeln)**
	Jodsalz
20 g	Butter
20 g	Weizenvollkornmehl
125 ml	Milch
60 ml	Gemüse- oder Fleischbrühe
80 g	**Schnittkäse (z. B. Gouda, Edamer, Leerdamer)**
	Pfeffer aus der Mühle
	frisch geriebene Muskatnuss
2 EL	Schnittlauchröllchen
	Butter zum Fetten
ca. 100 g	**Kasseler, gekochter Schinken oder kalter Braten**
2	Tomaten

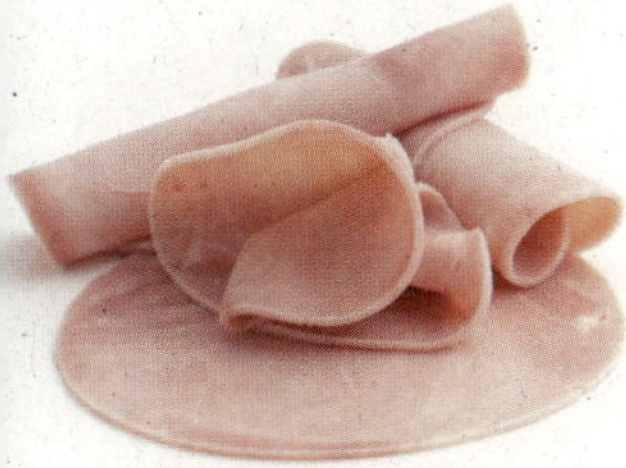

1. Den Chinakohl vierteln, vom Strunk befreien und in Streifen schneiden. Die rohen Kartoffeln schälen, waschen und in dünne Scheiben schneiden. Zusammen mit dem Chinakohl in kochendem Salzwasser etwa 3 Minuten blanchieren. In ein Sieb geben, kalt abschrecken und gut abtropfen lassen.
2. Die Butter in einem Topf zerlassen, das Mehl darin anschwitzen, Milch und Brühe zugießen und aufkochen lassen. Die Sauce bei geringer Hitze 5 Minuten köcheln lassen. Inzwischen den Käse grob reiben, $^2/_3$ davon unter die Sauce rühren und mit Pfeffer und Muskat abschmecken. 1 EL Schnittlauch unterheben.
3. Eine Auflaufform mit etwas Butter fetten. Kasseler oder Schinken in kleine Würfel (oder wenn Scheiben verwendet werden, in Streifen) schneiden und mit Chinakohl und Kartoffeln mischen. In die Form geben und mit der Sauce übergießen. Die Tomaten in Scheiben schneiden und obenauf legen.
4. Den Auflauf im Backofen bei 200 °C auf der zweiten Einschubleiste von unten etwa 30 Minuten backen, 5 Minuten vor Ende der Garzeit den restlichen geriebenen Käse darauf verteilen. Mit Schnittlauchröllchen bestreut servieren.

Tipps

- Anstelle des Chinakohls eignen sich auch Chicorée oder Wirsing bestens für diesen Auflauf.
- Sie können das Gericht natürlich auch fleischlos zubereiten. Damit es würzig schmeckt, ersetzen Sie das Kasseler beispielsweise durch 100 g in Öl eingelegte, getrocknete Tomaten. Die Tomaten gründlich abspülen, trocken tupfen, würfeln und unter die Chinakohlstreifen mischen. Oder Sie geben etwas rotes Pesto (aus dem Glas) auf die Tomatenscheiben.

Bunter Nudelauflauf

Für 2 Portionen

½	**rote Paprikaschote**
100 g	TK-Erbsen
	Jodsalz
ca. 3 EL	**Maiskörner (aus der Dose)**
50 g	**gekochter Schinken am Stück**
½ Bund	Schnittlauch
	Butter zum Fetten
250–300 g	**gegarte Penne, Spiralnudeln oder Gabelspaghetti**
1	Knoblauchzehe
1	Ei
4 EL	süße Sahne
	Pfeffer aus der Mühle
50 g	**junger Gouda (oder Ziegengouda)**

1. Die Paprikaschote in kleine Würfel schneiden. Zusammen mit den Erbsen in Salzwasser 5 Minuten garen, dann abgießen, abschrecken und gut abtropfen lassen. Die Maiskörner ebenfalls abtropfen lassen.
2. Den Schinken fein würfeln, den Schnittlauch in Röllchen schneiden. Die Hälfte des Schnittlauchs beiseitelegen. Eine kleine Auflaufform mit Butter fetten und die vorbereiteten Zutaten sowie die Nudeln darin mischen.
3. Die Knoblauchzehe durchpressen und mit Ei und Sahne verquirlen, kräftig mit Salz und Pfeffer würzen. Den Käse fein raspeln und die Hälfte unter die Eiersahne ziehen, den Guss über die Zutaten in der Form gießen.
4. Den Auflauf auf der zweiten Einschubleiste von unten etwa 15 Minuten bei 200 °C backen, nach 10 Minuten mit dem restlichen Gouda bestreuen. Den Nudelauflauf mit den restlichen Schnittlauchröllchen bestreut servieren.

Tipp

Sie haben nur Minireste Nudeln übrig? Zusammen mit etwas gegartem Gemüse und einem Eierguss können Sie diese auch in Muffinförmchen als kleine Vorspeise backen. Die Backzeit verringert sich dann etwas.

Feuriger Nudelauflauf

Für 2 Portionen

1	kleine Zwiebel
1	kleine Knoblauchzehe
1	kleine rote Chilischote
1	**kleine Zucchini**
1 EL	Olivenöl
1 Portion	**Pasta mit Tomatensauce, ca. 350 g**
3–4 EL	Pecorino
1	**rohe Bratwurst**
	Paprikapulver, edelsüß
2 EL	gehackte glatte Petersilie

1. Die Zwiebel und den Knoblauch fein hacken. Die Chili entkernen und sehr fein hacken, die Zucchini in Scheiben schneiden. Das Olivenöl in einer Pfanne erhitzen und die vorbereiteten Zutaten darin etwa 5 Minuten anbraten.
2. Die Pfanne vom Herd ziehen, die Pasta mit Tomatensauce untermischen und die Hälfte des Pecorinos unterheben. Das Ganze in eine Auflaufform füllen.
3. Das Brät aus der Bratwurst herausdrücken und zu kleinen Bällchen formen, mit etwas Paprikapulver bestäuben, auf den Auflauf legen und mit dem restlichen Pecorino bestreuen. Im Backofen bei 200 °C etwa 20 Minuten backen. Mit der Petersilie bestreut servieren.

Tipps

- Wenn Sie nicht viel Erfahrung mit Chilischoten haben, dosieren Sie die Chili beim ersten Versuch lieber sparsamer, nachträgliches „Schärfen“ mit Chilipulver ist noch möglich.
- Falls der Auflauf zu trocken ist, weil nicht genug Tomatensauce übrig war, können Sie einige Esslöffel gehackte Tomaten aus der Dose untermischen.
- Sie haben anstelle der Pasta mit Tomatensauce nur einen Rest gegarte Nudeln (ca. 1 Portion)? Dann geben Sie zu den Gemüsezutaten in Schritt 1 des Rezepts einfach noch etwa 200 g gehackte Tomaten aus der Dose hinzu und schmecken das Ganze mit Salz, Pfeffer und Kräutern pikant ab.

Bunte Restepizza

Für 2 Portionen
(½ Backblech oder
eine runde Pizza
von ca. 28 cm Ø)

Teig:

200 g	Weizenmehl und etwas Mehl zum Ausrollen
½	Päckchen Trockenhefe
¼ TL	Jodsalz
1 ½ EL	Olivenöl

Sauce:

200 g	gehackte Tomaten (aus der Dose), gewürzt mit 2 TL getrocknetem Oregano, Salz und Pfeffer, **oder ca. 200 ml Tomatensauce (aus dem Glas oder selbst gekocht)**

Belag:

ca. 500 g	**gegartes Gemüse nach Wahl (z. B. Auberginen, Artischocken, Zucchini, Möhren, Paprika, Pilze, Gemüsezwiebeln)**
evtl. 100 g	**gekochter Schinken oder Salami (in Scheiben oder Streifen)**
evtl. 100 g	**gegarte Meeresfrüchte (z. B. Garnelen, Miesmuscheln, Meeresfrüchtemischung) oder Thunfisch (aus der Dose)**
1 Kugel	Mozzarella oder Käse nach Wahl, 125 g
	einige Basilikumblättchen

1. Das Mehl in eine große Schüssel geben, Hefe, 100 ml lauwarmes Wasser, Salz und Öl zufügen, alles gut mischen und zu einem glatten Teig kneten.
2. Den Teig zu einer Kugel formen und zugedeckt an einem warmen Ort etwa 60 Minuten gehen lassen, er sollte sein Volumen verdoppeln.
3. Den Teig auf einer bemehlten Arbeitsfläche auf die gewünschte Form ausrollen und auf ein mit Backpapier ausgelegtes Backblech legen.
4. Den Teig mit der Tomatensauce und den übrigen Zutaten (bis auf den Käse) belegen und im Backofen bei 200 °C auf der zweiten Einschubleiste von unten etwa 20 Minuten backen. Den Käse in Scheiben schneiden und 10 Minuten vor Ende der Backzeit auf die Pizza legen. Mit den Basilikumblättchen belegt servieren.

Tipp

Tomatensauce, gegartes Gemüse oder Antipasti oder Oliven aus dem Glas, Schinken, Wurst, Fisch, Meeresfrüchte, Käse – der Fantasie bei der Resteverwertung sind kaum Grenzen gesetzt! Falls Sie verschiedene Reste haben, die nicht so gut zusammenpassen, belegen Sie einfach einen Teil der Pizza mit jeweils nur einer Zutat(-enkombination). So lassen sich beispielsweise auch Salami und Meeresfrüchte auf einer Pizza kombinieren.

Bunte Restequiche

Für 2 Portionen
(für 2 kleine Formen von ca. 14 cm Ø)

Quark-Öl-Teig:

40 g	Magerquark
1½ EL	Wasser
1½ EL	Rapsöl
	etwas Öl für die Formen
1 Prise	Jodsalz
80 g	Weizenmehl und etwas Mehl zum Ausrollen
1 gestr. TL	Backpulver

Belag:

ca. 300 g	**gegartes Gemüse (z. B. Brokkoli, Lauch, Pilze, Kohlrabi, Paprika, Möhren, Zucchini)**
ca. 50 g	**Kasseler, Schinken, Dauerwurst, geräucherte Putenbrust oder gegartes Fleisch (z. B. Hähnchen, Grillfleisch) oder ca. 100 g gegarter Fisch, gegarte Garnelen oder Thunfisch aus der Dose**

Guss:

2	Eier
100 ml	Milch
100 g	**Milchprodukte (z. B. süße Sahne, Schmand, saure Sahne, Crème fraîche, Quark, Ricotta)**
evtl. 2 EL	**geriebener Käse nach Wahl**
	gehackte Kräuter nach Wahl
	Jodsalz, Pfeffer aus der Mühle

1. Quark, Wasser, Öl und Salz mit den Knethaken des Handrührgeräts verrühren. Mehl und Backpulver zufügen und unterarbeiten, es entstehen kleine Teigkügelchen.
2. Den Teig kurz mit den Händen durchkneten und zugedeckt bei Zimmertemperatur etwa 30 Minuten ruhen lassen. Den Teig zu Kreisen von etwa 16 cm Ø ausrollen und in die leicht eingeölten Formen legen.
3. Die Zutaten für den Belag in mundgerechte Stücke schneiden und auf dem Teig verteilen. Die Eier mit den Milchprodukten verrühren, die Kräuter und ggf. den Käse untermischen und den Guss mit Salz und Pfeffer würzen.
4. Den Guss in den Förmchen verteilen, die Quiches im Backofen bei 200 °C auf der zweiten Einschubleiste von unten etwa 25 Minuten backen.

Tipps

- Die Quiche kann auch mit 150 g TK-Blätterteig zubereitet werden.
- Die Milchprodukte für den Guss können Sie auch kombinieren, z. B. einige Esslöffel Magerquark mit Sahne – ideal für die Verwertung kleiner Reste.
- Wählen Sie fettarme Wurst- oder Fleischarten, damit die Quiche nicht zu schwer wird.

Gratinierte Tomaten mit Rosmarin-Walnuss-Pesto

Für 2 Portionen

2	große Tomaten
	Jodsalz, Pfeffer aus der Mühle
½	**Mozzarella, ca. 60 g**
2 EL	**gegarter Reis**
1 Stängel	Rosmarin
40 g	**Walnusskerne**
1 EL	**frisch geriebener Parmesan**
1 EL	Olivenöl
4	Stiel-Lammkoteletts
	Rosmarin zum Garnieren

1. Von den Tomaten einen Deckel abschneiden und die Kerne und die Flüssigkeit mit einem kleinen Löffel oder Kugelausstecher entfernen, mit Salz und Pfeffer würzen. Auf ein mit Backpapier ausgelegtes Backblech setzen.
2. Den Mozzarella in Stücke schneiden und zusammen mit dem Reis in die Tomaten geben.
3. Die Rosmarinnadeln abstreifen und hacken. Die Walnüsse ebenfalls hacken. Rosmarin, Walnüsse und Parmesan mischen und auf den Mozzarella streuen. Mit ½ EL Olivenöl beträufeln. Unter dem vorgeheizten Backofengrill etwa 5 Minuten gratinieren.
4. Die Lammkoteletts mit Salz und Pfeffer würzen. Restliches Olivenöl erhitzen und die Lammkoteletts pro Seite etwa 2 Minuten braten. Zusammen mit den Tomaten anrichten und mit Rosmarin garniert servieren. Dazu Baguette reichen.

Tipp

Wenn Sie keinen gegarten Reis übrig haben, nehmen Sie stattdessen eine ganze Kugel Mozzarella.

Mixgetränke

- Ananas-Soja-Drink 164
- Sommerlicher Frucht-Kokos-Drink 164
- Minz-Joghurt-Drink 165
- Orangen-Bananen-Drink 166
- Kiwi-Kefir-Drink 166
- Mango-Multivitamindrink 167

Ananas-Soja-Drink

Für 1 Portion

ca. 100 g	**Ananasfruchtfleisch**
½	**Banane**
100 ml	**Bio-Sojadrink Vanille**
1 Msp.	Vanillemark

1. Die Ananas in Stücke und die Banane in Scheiben schneiden. Zusammen mit dem Sojadrink möglichst fein pürieren.
2. Mit dem Vanillemark abschmecken und in einem Glas servieren.

Tipps

- Der Drink sollte mit einem Pürierstab oder im Mixer sehr fein püriert werden, da die Ananas sonst zu faserig bleibt. Wenn eine noch feinere Konsistenz gewünscht wird, den Drink zusätzlich durch ein Sieb streichen.
- Frische Ananas kann nicht zusammen mit Milchprodukten verarbeitet werden, da sie – ebenso wie Kiwi – ein Enzym enthält, das die Milch ausflocken lässt.

Sommerlicher Frucht-Kokos-Drink

Für 2 Portionen

200 g	**Wassermelone**
150 g	**Erdbeeren, geputzt gewogen**
½ Dose	**Kokosmilch, 200 ml**
	zerstoßenes Eis zum Servieren

1. Die Wassermelone entkernen und in Stücke schneiden. Zusammen mit den Erdbeeren fein pürieren.
2. Die Kokosmilch untermixen. Das Eis auf zwei Gläser verteilen und den Drink darübergießen.

Minz-Joghurt-Drink

Für 2 Portionen

½	**Gurke**
1	kleine Knoblauchzehe
	einige Zweige Minze
100 g	Joghurt aus Ziegenmilch
50 ml	**Ziegenmilch**
50 ml	Mineralwasser
	Salz
	Eiswürfel zum Servieren

1. Die Gurke waschen und würfeln, den Knoblauch durch eine Knoblauchpresse drücken.
2. Die Minzeblättchen in Streifen schneiden. Joghurt, Milch, Mineralwasser, 1 Prise Salz und Knoblauch verrühren. Minze und $^{2}/_{3}$ der Gurke unterheben.
3. Eiswürfel in Gläser füllen, den Joghurtdrink darüber gießen. Mit den übrigen Gurkenwürfeln bestreuen und mit Minze garnieren.

Tipp

Alle Zutaten für diesen Drink sollten gut gekühlt sein.

Orangen-Bananen-Drink

Für 2 Portionen

1	**Banane**
2 TL	flüssiger Honig
250 ml	Orangensaft
100 ml	**Bio-Sojadrink Vanille oder Milch mit 1 Msp. Vanillemark**
2	Minzeblättchen zum Verzieren

1. Die Banane in Scheiben schneiden und zusammen mit dem Honig, dem Orangensaft und dem Sojadrink pürieren.
2. Den Drink in Gläser füllen und mit Minzeblättchen garniert servieren.

Kiwi-Kefir-Drink

Für 1 Portion

1	**Kiwi**
200 ml	Kefir
1 EL	**Instant-Haferflocken**
1 Kugel	**Vanilleeis**
1 Zweig	Zitronenmelisse

1. Die Kiwi schälen und in Stücke schneiden. Kiwi, Kefir und Haferflocken pürieren. Die Mischung in ein Longdrinkglas gießen.
2. Das Vanilleeis zugeben.
Mit Zitronenmelisse verzieren.

Tipp

Sofort verzehren, weil Kiwi in Verbindung mit Milch(-produkten) bitter werden kann.

Mango-Multivitamindrink

Für 2 Portionen

½	**Mango**
50 g	**Instant-Haferflocken**
125 ml	Buttermilch
125 ml	Multivitamin-Mehrfruchtsaft

1. Die Mango schälen, den Kern entfernen und das Fruchtfleisch pürieren.
2. Die Haferflocken, die Buttermilch sowie den Saft dazugeben und alles im Mixer aufschlagen. Die Mischung in zwei Gläser verteilen.

Desserts

- Arme Ritter 169
- Croissantauflauf 170
- Milchreisauflauf 171
- Schichtdessert schwarz-rot-weiß 172
- Rote Grütze 173
- Amarettocreme 174
- Schnelles Bananen-Eis 174
- Obst-Crumble 175

Arme Ritter

Für 1 Portion

1	**Ei**
60 ml	Milch
1 Msp.	Vanillemark oder 1 TL Vanillezucker
1 TL	abgeriebene Schale von 1 Bio-Zitrone
2	**Scheiben altbackenes Weißbrot (oder Toastbrot, Rosinenbrötchen, Hefezopf)**
2 TL	Butterschmalz
	Zimt-Zucker-Mischung nach Geschmack

1. Das Ei mit der Milch in einem tiefen Teller gründlich verquirlen, Vanillezucker und Zitronenschale unterrühren.
2. Die Brotscheiben gründlich in der Eiermilch wenden, damit sie sich gut mit Flüssigkeit vollsaugen.
3. Das Butterschmalz in einer beschichteten Pfanne erhitzen und die Brotscheiben darin bei mittlerer Hitze von beiden Seiten goldbraun ausbacken. Auf Küchenkrepp abtropfen lassen und mit Zimt-Zucker-Mischung bestreut servieren.

Tipp

Vanillezucker selbst hergestellt:

1. Zuerst 1 Vanilleschote längs aufschneiden und das Mark herauskratzen.
2. 250 g Zucker mit dem Vanillemark mischen.
3. Den mit dem Vanillemark gemischten Zucker und die ausgekratzte Vanilleschoten in ein Glas geben und fest verschließen.
4. Jetzt ist warten angesagt, denn der Zucker braucht gut eine Woche, bis er das Vanillearoma vollständig aufgenommen hat!

Croissantauflauf

Für 2 Portionen als Dessert

	Butter für die Form
1	**Croissant vom Vortag**
1	Ei
20 g	Zucker
80 ml	Milch
1 EL	Orangensaft
	etwas abgeriebene Schale von 1 Bio-Orange
1 EL	**Mandelblättchen**
	Puderzucker zum Bestäuben

1. Eine kleine ofenfeste Form oder zwei Muffinformen mit Butter ausfetten. Das Croissant in Stücke zupfen und hineingeben.
2. Das Ei mit dem Zucker mit dem elektrischen Rührgerät schaumig schlagen. Die Milch, den Orangensaft und die Orangenschale unterrühren.
3. Die Eiermilch über die Croissantstücke gießen und die Mandelblättchen darüber verteilen. Den Auflauf im Backofen bei 180 °C etwa 30 Minuten backen.
4. Den Auflauf auf zwei Dessertteller verteilen, mit Puderzucker bestäuben. Dazu passen Vanillesauce oder -eis.

Milchreisauflauf

Für 2 Portionen

1	Ei
1 Prise	Jodsalz
100 g	**Pfirsiche, Nektarinen oder Aprikosen (frisch oder Dosenware)**
1 Portion	**Milchreis (aus ca. 500 ml Milch und 60 g Milchreis)**
125 g	Quark
1 TL	abgeriebene Schale von 1 Bio-Zitrone
	Butter für die Form und einige Butterflöckchen

1. Das Ei trennen und das Eiweiß mit etwas Salz steif schlagen. Die Früchte in kleine Stücke schneiden.
2. Den Milchreis mit dem Quark, dem Eigelb und der Zitronenschale gründlich verrühren und den Eischnee vorsichtig unterheben.
3. Eine kleine Auflaufform (oder 2 kleine Souffléformen) mit Butter fetten und die Milchreismasse hineingeben. Ein paar Butterflöckchen auf dem Milchreis verteilen. Den Auflauf im Backofen bei 180 °C auf der mittleren Einschubleiste etwa 40 Minuten backen. Dazu schmeckt eine Vanillesauce.

Variation:

Als Obst eignen sich auch Sauerkirschen, Mandarinen oder Birnen aus dem Glas bzw. der Dose. Frische Äpfel oder Birnen können verwendet werden, wenn man sie vorher leicht in etwas Wasser oder Fruchtsaft andünstet.

Schichtdesssert schwarz-rot-weiß

Für 2 Portionen

100 g	**altbackenes Schwarzbrot (oder Pumpernickel)**
1 EL	Kakaopulver
1 EL	Vollrohrzucker
ca. 2 EL	roter Traubensaft
125 g	Quark (20 % Fett i. Tr.)
1 Prise	Vanillemark
125 g	rote Grütze (Fertigprodukt)
	einige Johannisbeeren und Himbeeren zum Garnieren

1. Das Schwarzbrot auf einer Küchenreibe reiben oder fein zerkrümeln und mit Kakaopulver und Vollrohrzucker mischen. Unter Rühren so viel Saft dazugeben, bis die Masse zäh ist. Etwa 30 Minuten quellen lassen.
2. Den Quark mit dem Vanillezucker glatt rühren. In zwei Gläser jeweils ein Viertel der Schwarzbrotmasse, der roten Grütze und des Quarks einschichten, noch einmal wiederholen. Das Dessert mit Beeren garniert servieren.

Variation:

Sie haben noch trockenes Weihnachtsgebäck übrig, das keiner mehr essen mag? Das Rezept gelingt auch mit Spekulatius oder Lebkuchen (Oblaten entfernen). Zucker und Kakaopulver können dann weggelassen werden, anstelle von Traubensaft passt besser Orangensaft.

Rote Grütze

Für 2 Portionen

125 g	**Sauerkirschen, entsteint**
50 g	rote Johannisbeeren
30 g	schwarze Johannisbeeren
70 g	Erdbeeren (oder Himbeeren)
30 ml	Kirschsaft
125 ml	Wasser
2 EL	Kartoffel- oder Maisstärke

1. Die Früchte verlesen und putzen.
2. Die Hälfte der Früchte mit Kirschsaft und Wasser aufkochen.
3. Die Stärke mit etwas Wasser verrühren und langsam unter die kochenden Früchte rühren.
4. Den Rest der Früchte vorsichtig unterrühren. Abkühlen lassen.
   Dazu schmecken flüssige Sahne, kalte Milch oder Vanillesauce.

Amarettocreme

Für 2 Portionen

ca. 50 g	**Amaretti**
150 g	Sahne
1 EL	Puderzucker
150 g	Quark
1 TL	Amaretto
1 EL	**gehobelte Mandeln**

1. Die Amaretti grob hacken. Die Sahne zusammen mit dem Puderzucker steif schlagen.
2. Den Quark mit dem Amaretto und den Amaretti-Bröseln mischen und die Sahne unterheben.
3. Die Mandeln in einer Pfanne ohne Fett rösten und die Creme damit bestreuen.

Tipp

Dazu schmecken gedünstete Pfirsiche oder Pfirsicheis.

Schnelles Bananen-Eis

Für 4 Portionen

3	**überreife Banane in Stücken oder püriert, eingefroren**
30 g	Puderzucker
1 TL	Kakaopulver
75 g	**Spekulatius, Amaretti, Löffelbiskuits oder Butterkekse**
150 g	süße Sahne

Tipp

Überreife Bananen bringen viel Süße mit und der bei überreifen Früchten oft als penetrant empfundene Bananengeschmack wird durch die Mischung mit Milchprodukten abgemildert.

1. Die noch tiefgefrorenen Bananen zusammen mit dem Puderzucker im Mixer oder mit dem Pürierstab gründlich durchmixen.
2. Die Kekse fein zerbröseln und zusammen mit dem Kakaopulver und der Sahne hinzufügen. Alles cremig rühren und sofort servieren.

Obst-Crumble

Für 2 Portionen

100 g	Vollkornweizenmehl
50 g	Zucker
50 g	kalte Butter
1	**Eigelb**
1 Msp.	Vanillemark
1 Prise	Salz
	Butter für die Form
125 g	**tiefgefrorene Beeren**

1. Aus Mehl, Zucker, Butter, Eigelb, Vanillemark und Salz einen glatten Teig kneten. Den Teig in Frischhaltefolie wickeln und für 30 Minuten in den Kühlschrank legen.
2. Eine kleine, flache Auflaufform mit etwas Butter fetten. Die tiefgefrorenen Beeren darin verteilen. Kleine Stücke vom Teig abzupfen und mit den Fingern zu Streuseln zerbröseln, auf den Beeren verteilen.
3. Den Crumble im Backofen bei 200 °C auf der zweiten Einschubleiste von unten etwa 30 Minuten backen. Dazu passen Schlagsahne oder Vanilleeis.

Variation:

Für einen Crumble eignen sich auch gut Rhabarber, Pflaumen, saure Kirschen, Äpfel …

Konfekt und Gebäck

- Exotische Fruchtriegel mit Kokos 177
- Knusprige Schokohäufchen 178
- Bananen-Muffins 179
- Käseschnecken 180
- Kartoffelbrot 181

Exotische Fruchtriegel mit Kokos

Zutaten für 12 Stück

je 50 g	getrocknete Ananas, Papayas, Aprikosen und Cranberrys (oder Trockenobst nach Wahl)
100 g	Weizenmehl
2	Eier
100 g	flüssiger Honig
50 g	Kokosraspel
150 g	kernige Haferflocken
100 g	blütenzarte Haferflocken
	Fett für die Form

1. Die getrockneten Früchte hacken. Mit Mehl, Eiern, 50 g Honig, Kokosraspeln und beiden Haferflockensorten gut verkneten.
2. Eine Saftpfanne (30 cm x 24 cm) einfetten. Die Haferflockenmasse darauf verteilen und mit nassen Händen glatt streichen. Im Backofen bei 175 °C etwa 30 Minuten backen. Etwas abkühlen lassen, mit dem restlichen Honig bestreichen und in Rechtecke schneiden.

Knusprige Schokohäufchen

Für ca. 70 Stück

200 g	Zartbitterschokolade
200 g	Vollmilchschokolade (z. B. Weihnachtsmänner oder Osterhasen)
120 g	Cornflakes
50 g	Kokosraspel

1. Die Schokolade grob hacken und in einem warmen Wasserbad unter Rühren schmelzen. Die geschmolzene Schokolade leicht abkühlen lassen, nochmals gut durchrühren und die Cornflakes mit einem Teigspatel unterheben.
2. Ein Backblech mit Backpapier auslegen und die Masse in kleinen Häufchen von etwa 2 cm Durchmesser daraufsetzen, eventuell mit den Fingern noch etwas zusammendrücken, da sie etwas bröselig sind.
3. Die Kokosraspel in einer Pfanne ohne Fett leicht anrösten und die Schokoladenhäufchen damit bestreuen. Etwa 1½ Stunden fest werden lassen.

Variationen:

- Man kann die Knusperhäufchen auch mit weißer Schokolade zubereiten, ein Drittel der Cornflakes kann dann durch Mandelstifte ersetzt werden.
- Ebenso können Reste von Müsli in die Häufchen wandern. Eine Prise Lebkuchengewürz, Zimt oder Kardamom, unter die flüssige Schokolade gerührt, sorgt für eine weihnachtliche Geschmacksnote.

Tipp

Anstatt die von Weihnachten oder Ostern übrig gebliebenen „Schokoladenhohlfiguren“ alt werden zu lassen, sollte man sie besser gleich nach den Feiertagen zu diesen leckeren Pralinen verarbeiten. So können Sie die Schokolade auch in kleineren Portionen genießen. Dunkel und kühl aufbewahrt halten sie sich einige Wochen.

Bananen-Muffins

Für 12 Stück

150 g	Butter oder Margarine
150 g	Vollrohrzucker
1 Pk.	Vanillezucker
2	Eier
4	**reife Bananen**
250 g	Mehl
50 g	gemahlene Mandeln
½ Pk.	Backpulver
½ TL	Zimt
1 EL	Kakaopulver

1. Das Fett mit dem Zucker cremig rühren. Die Eier zufügen und alles schaumig rühren. Die Bananen zerdrücken und unterheben.
2. Das Mehl mit den Mandeln, dem Backpulver, dem Zimt und dem Kakao mischen und kurz unterrühren.
3. Den Teig in 12 Muffinförmchen verteilen und im Backofen auf der mittleren Einschubleiste bei 180 °C etwa 25 Minuten backen.

Tipp

Wer möchte, kann die Muffins noch mit einem Guss aus Zartbitter-Kuvertüre und je 1 getrockneten Bananenscheibe dekorieren.

Käseschnecken

Für etwa 12 Stück

250 g	Weizenmehl und Mehl für die Arbeitsfläche
1 EL	Backpulver
	etwas Jodsalz
30 g	kalte Butter oder Margarine
175 ml	Wasser oder Milch
100 g	**Ziegenfrischkäse**
ca. 50 g	**Hartkäse (z. B. Grana padano, Parmesan, Pecorino, Gruyère, Emmentaler)**
	gehackter Rosmarin oder Thymian, frisch oder getrocknet

1. Mehl, Backpulver und Salz in einer großen Schüssel mischen. Die Butter einarbeiten, bis ein krümeliger Teig entstanden ist. Die Flüssigkeit nach und nach hinzufügen und unterarbeiten, bis der Teig gut knetbar ist (eventuell ist nicht die gesamte Flüssigkeit nötig).
2. Den Teig auf einer bemehlten Arbeitsfläche zu einem Rechteck von etwa 30 cm x 20 cm Größe ausrollen. Den Frischkäse daraufkrümeln, den Hartkäse raspeln und darauf verteilen. Die Kräuter darüberstreuen.
3. Den Teig von der Längsseite her zusammenrollen und die Rolle in etwa 12 Scheiben schneiden. Die Schnecken auf ein mit Backpapier ausgelegtes Backblech legen und im Backofen bei 220 °C etwa 12 Minuten backen. Warm servieren.

Kartoffelbrot

Für 1 Brot

200 g	Weizenvollkornmehl
200 g	Weizenmehl Type 550
1 Würfel	frische Hefe oder 2 Beutel Trockenhefe
250 ml	lauwarmes Wasser
100 g	**gekochte Kartoffeln**
2 EL	Rapsöl
je 2 EL	Sesamsaat und Leinsamen

1. Das Mehl in eine Schüssel geben. In die Mitte eine Mulde drücken. Die frische Hefe in 125 ml lauwarmem Wasser auflösen und mit dem Mehl glatt rühren. Trockenhefe kann direkt mit dem Mehl gemischt werden. Den Vorteig zugedeckt an einem warmen Ort etwa 10 Minuten gehen lassen.
2. Die Kartoffeln durch die Kartoffelpresse drücken (am besten, wenn sie noch warm sind). Die Kartoffeln zusammen mit dem Öl und dem Salz zum Vorteig geben und alles zu einem glatten Teig verkneten. Die Hälfte der Sesamsaat und des Leinsamens untermischen. Den Teig zu einer Kugel formen und zugedeckt 1 Stunde gehen lassen.
3. Den Teig durchkneten, zu einem länglichen Laib formen, auf ein mit Backpapier ausgelegtes Backblech legen und zugedeckt nochmals 30 Minuten gehen lassen.
4. Den Backofen auf 200 °C vorheizen. Den Teig mit etwas Wasser bepinseln und mit den restlichen Körnern bestreuen. Eine kleine, ofenfeste Schüssel mit Wasser in den Backofen stellen und das Brot auf der zweiten Einschubleiste von unten etwa 45 Minuten backen.

4 Rund um Einkaufen und Vorratshaltung

Einkaufsplanung

Gut geplant ist halb gekocht? Ganz so einfach ist es leider nicht, doch hilft eine gute Einkaufsplanung, Zeit und Geld zu sparen und Resten vorzubeugen. Sie lieben Checklisten und möchten sich nicht länger als nötig mit dem Einkauf und dem Kochen beschäftigen? Dann sind die folgenden Tipps für Sie genau das Richtige. Wenn Sie Spontanität schätzen, planen Sie nicht die ganze Woche durch, sondern halten Sie sich ein paar Tage frei für Kochen nach Lust und Laune.

Am Anfang steht der Speiseplan

Es empfiehlt sich, für jede Woche einen Plan für die Mahlzeiten zu Hause aufzustellen. Je nach Erfahrung ist es sinnvoll, an 1–2 Tagen nichts einzuplanen, da immer mal Reste übrig bleiben, die dann verwertet werden können. Ansonsten gilt:

- Werfen Sie vor dem Aufstellen des Speiseplans zunächst einen Blick in den Kühlschrank: Welche Reste gibt es dort, welche Lebensmittel müssen in den nächsten Tagen verbraucht werden? Wählen Sie dazu passende Rezepte aus.
- Planen Sie jede Woche auch einige Lebensmittel aus Vorratsschrank, Keller oder Tiefkühlgerät ein, damit sie nicht in Vergessenheit geraten.
- Sorgen Sie für Abwechslung und berücksichtigen Sie das saisonale Angebot an Obst und Gemüse sowie Sonderangebote.
- Bleiben Sie realistisch: Wenn Sie gerade viel zu tun haben oder für das Wochenende Unternehmungen geplant sind, ist es stressfreier, auf Tiefgekühltes oder Fertiggerichte zurückzugreifen oder mal ein Picknick zu machen, statt aufwendig alles frisch zu kochen.
- Notieren Sie gleich beim Schreiben des Speiseplans, welche Lebensmittel Sie einkaufen müssen.

Speiseplan für die Woche

vom ___________ bis zum _________

Montag

Dienstag

Mittwoch

Donnerstag

Freitag

Samstag

Sonntag

Einkaufen mit System

Notizblock und Stift griffbereit in der Küche sorgen dafür, dass immer wieder schnell notiert werden kann, was fehlt oder demnächst zur Neige geht. Aus diesen Notizen und mithilfe Ihres Speiseplans können Sie dann Ihre Einkaufsliste erstellen.

Praktisch ist es, diese gleich nach Einkaufsorten zu sortieren, also z. B. Gemüseladen, Metzgerei, Supermarkt. Wenn Sie hauptsächlich im Supermarkt einkaufen, können Sie die Waren auch in der Reihenfolge des Rundgangs durch den Markt auf dem Einkaufszettel auflisten, also z. B. zuerst Produkte fürs Frühstück, dann Trockenprodukte und Konserven, Haushaltsbedarf, Obst und Gemüse, Milchprodukte und anderes aus der Kühltheke, Tiefkühlprodukte. So sparen Sie beim Einkauf Zeit durch unnötiges Hin- und Herrennen.

Bei guter Planung müssen Sie auch nicht allzu oft einkaufen: Einmal die Woche ein Gang in den Supermarkt oder Discounter und zweimal wöchentlich Einkauf von rasch verderblichen Lebensmitteln wie Gemüse, Salat, Obst, frischer Fisch, Fleisch, Käse oder Wurst reichen aus.

Eine Einkaufsliste schützt auch vor dem allzu spontanen Zugreifen bei Sonderangeboten. Geraten Sie nicht wegen des günstigen Preises in einen Kaufrausch, sondern halten Sie kurz inne und überlegen: Ist die Portionsgröße für meinen Bedarf wirklich geeignet? Werde ich das Lebensmittel tatsächlich verbrauchen oder wird die Hälfte im Mülleimer landen? Zum Großeinkauf im Supermarkt nehmen Sie lieber zu viele als zu wenige Einkaufskörbe und -taschen mit, so sammeln Sie zu Hause keinen überflüssigen Plastikmüll(-vorrat) an.

Vorratshaltung

Die große Bedeutung wie in früheren Tagen hat die Vorratshaltung in Deutschland nicht mehr: Noch im vergangenen Jahrhundert war die gefüllte Speisekammer eine Art Lebensversicherung, um den Winter und Notzeiten zu überstehen. Heute steht uns über das ganze Jahr eine reichhaltige Auswahl aller erdenklichen Lebensmittel zur Verfügung. Verglichen mit den Bedingungen zu anderen Zeiten – und heute noch in den meisten anderen Ländern der Welt – ist das ein unglaublicher Luxus. Trotzdem ist eine kluge Vorratshaltung sinnvoll: Sie sparen dadurch viel Geld und Zeit und können mit dem, was da ist, flexibel und kreativ kochen. So können auch Sonderangebote und gute Ernten genutzt und ein vorzeitiger Verderb von Lebensmitteln vermieden werden.

Der Basisvorrat

Wenn Sie sich angewöhnen, häufig verwendete Lebensmittel im Vorrat zu haben, hat das viele Vorteile: Bei der Einkaufsplanung müssen Sie nicht jedes Mal neu überlegen, was fehlt, sondern Sie stocken Ihre Vorräte anhand einer Checkliste auf. Sie können aus dem Vorrat auch einmal spontan kochen, da alle Grundnahrungsmittel vorhanden sind.

Zu groß braucht der Vorrat nicht zu sein, damit keine Lebensmittel verderben. Die folgende Liste dient als Anregung. Sie ist konzipiert als „aktiver Vorrat", den Sie in Ihre Essensplanung miteinbeziehen und mit dem Sie einen Großteil der gängigen Rezepte zubereiten können. Die Mengen sind auf einen Vier-Personen-Haushalt abgestimmt. Bei geringerer Haushaltsgröße oder wenn viele Familienmitglieder regelmäßig außer Haus essen, sollten Sie die Mengen reduzieren. Ergänzen oder ersetzen Sie Lebensmittel nach persönlichen Vorlieben.

Basis-Vorratsliste

Im Vorratsschrank oder -regal:

Trockenware:
2 Packungen Nudeln
1 Paket Reis (z. B. Basmatireis, Naturreis)
2 Pakete Mehl (z. B. Weizenmehl, Vollkornmehl)
1 Paket Zucker
1 Packung Couscous oder Polenta
1 Packung getrocknete Hülsenfrüchte (z. B. rote Linsen)
1 Packung getrocknete Pilze
1 Packung Trockenobst
1 Packung Rosinen
1 Packung Müsli
1 Packung Haferflocken
1 Packung ganze Haselnüsse oder Mandeln
1 Packung Sonnenblumen- oder Kürbiskerne
Backpulver
Trockenhefe
Vanillemark
Puddingpulver
1 Tafel Schokolade
Kaffee, Tee, Kakaopulver
Instantbrühe (Gemüse, Huhn, Rind, in Bio-Qualität)
1 Packung Kekse
1 Packung Zwieback oder Knäckebrot
1 Packung Salzgebäck

Konserven:
1 Flasche Pflanzenöl (z. B. Rapsöl, Olivenöl)
1 Flasche Essig (z. B. Weißweinessig, Balsamico-Essig)
1 Glas Wiener Würstchen oder Bockwürstchen
2 Dosen Thunfisch im eigenen Saft

Fortsetzung Konserven:
1 Glas Sardellen
2 Packungen/Dosen geschälte Tomaten
1 Packung Kokosmilch
1 Dose Gemüsemais
1 Dose Bohnen (z. B. weiße Bohnen, Kidneybohnen)
1 Glas Oliven
1 Glas Kapern
1 Glas saure Gurken
Senf (z. B. Dijonsenf, körniger Senf, mittelscharfer Senf)
Tomatenmark, Tomatenketchup, Sojasauce
Honig, Konfitüre
1 Glas/Dose Obst (z. B. Kirschen, Pfirsiche, Ananas, Mandarinen)
1 Becher H-Schlagsahne
2 Packungen H-Milch

Getränke:
Mineralwasser
Fruchtsaft
Getränke für die Gästebewirtung nach persönlichen Vorlieben

Frisches:
1 kg Äpfel
2,5 kg Kartoffeln
1 Netz Zwiebeln
1 Knoblauchknolle
1 Netz Bio-Zitronen
im Winter: Kohl, Möhren
im Frühling: Salat wie Eisbergsalat

Kräuter und Gewürze:
Jodsalz, Pfefferkörner
Muskatnuss
Paprikapulver, edelsüß und rosenscharf
Cayennepfeffer
Currypulver

Zimtpulver
Lorbeerblätter
3–4 Packungen getrocknete Kräuter (z. B. Kräuter der Provence, Oregano, Thymian, Majoran, Bohnenkraut)
Lieblingsgewürzmischung

Im Kühlschrank:

10 Eier
125 g Käse zum Reiben (z. B. Parmesan, Pecorino)
2 l Frischmilch
500 g Quark
250 g Joghurt
1 Becher saure Sahne oder Crème fraîche
1 Becher Schlagsahne
1 Paket Butter oder Margarine
pikante Dauerwurst (z. B. Chorizo, Salami) oder Schinkenwürfel (eingeschweißt)
Frischkäse

In der Gefriertruhe:

2–3 Packungen Kräuter (z. B. Petersilie, Schnittlauch, gemischte Kräuter)
1–2 Packungen Spinat, Brokkoli, grüne Bohnen oder Erbsen
1 Packung Fischfilets
400 g Hackfleisch
4 Portionen Fleisch zum Kurzbraten
1 Packung Blätterteig
1 Packung Beeren
1 Packung Eis (z. B. Vanille, Erdbeer)
1 Kuchen aus Rühr- oder Hefeteig
1 geschnittenes Brot

€ Spar-Tipp

Auch lange haltbare Lebensmittel haben ein Mindesthaltbarkeitsdatum. Kontrollieren Sie also Ihre Vorräte regelmäßig, z. B. einmal im Monat, und berücksichtigen Sie Vorräte kurz vor dem Ablauf des Mindesthaltbarkeitsdatums bei Ihrer Essensplanung. Sie lieben Checklisten und haben Spaß an Perfektion? Dann schreiben Sie doch das Mindesthaltbarkeitsdatum Ihrer Vorräte auf die Liste – so geht Ihnen garantiert nichts durch die Lappen!

Was gehört wohin? Die richtige Aufbewahrung

Der richtige Lagerort hat großen Einfluss auf die Haltbarkeit von Lebensmitteln. Für die meisten verderblichen Waren gilt die Faustregel: am besten dunkel, trocken und eher kühl. Im Folgenden finden Sie Tipps zum Umgang mit einzelnen Lebensmitteln, bei denen häufig Unsicherheit herrscht, z. B. Obst, Gemüse, Brot und Käse.

Der Keller

In modernen Kellern mit einem betonierten Boden liegt die Luftfeuchtigkeit meist bei 60–75 Prozent und die Temperatur bei 9–15 °C. Die Lagerdauer der genannten Obst- und Gemüsearten verringert sich hier, da sie rascher austrocknen. In diesem Fall empfiehlt es sich, lieber kleine Mengen einzukaufen und nicht lange zu lagern. Hat man aber größere Erntemengen zu „bewältigen", können Kernobst und Wurzelgemüse in wärmeren Kellern auch in großen Polyethylenbeuteln (Fassungsvermögen 5–10 kg) gelagert werden. Das Lagergut wird zunächst einige Tage offen in den Keller gelegt und dann in die Beutel verpackt, die verschlossen werden. Etwas Kondenswasser als Beschlag im Beutel schadet nicht, es dürfen sich jedoch keine Wasseransammlungen bilden. Nach etwa zwei Wochen sticht man ein paar Löcher in die Beutel. So können Äpfel, Birnen und Wurzelgemüse etwa drei Monate gelagert werden.

Bei einer kürzeren Lagerdauer empfiehlt es sich, die Lebensmittel unverpackt in Holzkisten oder Weidenkörben zu lagern. Auch andere Obst- und Gemüsearten, die nicht in den Kühlschrank gehören (→ Seite 196), sind im Keller besser aufgehoben als in der Küche.

Auch ein wärmerer Keller ist für die Lagerung von Konserven, Marmeladen und Trockenvorräten sehr gut geeignet.

In manch alten Häusern gibt es sie noch: die Erdkeller mit einem Boden aus Lehm, die dunkel und kühl sind. Sie bieten eine Luftfeuchtigkeit von 85 bis 90 Prozent, Temperaturen von 4 °C im Winter bis zu 12 °C im Sommer sowie eine ausreichende Frischluftzufuhr (keine Zugluft). Unter diesen Bedingungen bleiben Wurzel- und Kohlgemüse, Kartoffeln und Kernobst (Äpfel, Birnen) monatelang frisch. Solche Keller sind auch ideal, wenn man größere Ernten aus eigenem Anbau lagern möchte.

Zur Aufbewahrung geeignet sind Holzkisten und -regale, bei großen Mengen auch Kartoffelhorden aus Draht. Spezialisten geben Wurzelgemüse in Kisten, die mit mittelfeuchtem Sand gefüllt sind.

Die Vorratskammer und der Vorratsschrank

Eine von der Küche räumlich getrennte, aber möglichst nah bei der Küche gelegene Vorratskammer ist ideal: In einem separaten Raum herrschen günstigere Lagerbedingungen als in der Küche, in der Luftfeuchtigkeit und Temperatur häufig zu hoch sind. Ideal ist, wenn die Vorratskammer im Norden oder Osten des Hauses liegt, gut zu lüften und abzudunkeln ist. Im Sommer ist ein Fliegengitter vor den Fenstern empfehlenswert.

Meist bleibt aus Platzgründen aber keine andere Wahl, als zumindest einen Teil der Lebensmittel in der Küche zu lagern. Natürlich ist es praktisch, oft genutzte Zutaten gleich griffbereit zu haben. In Schränken sind sie besser aufgehoben als in offenen Regalen. Ein Apothekerschrank ermöglicht einen bequemen Zugriff und einen besseren Überblick, da man den schmalen Schrank wie eine Schublade fast ganz herausziehen kann. Außerdem werden dank des Gitterbodens seiner Regalböden die Vorräte besser umlüftet.

Der Kühlschrank

Klar – die meisten rasch verderblichen Lebensmittel wie frische Milchprodukte, Fleisch, Wurst, Geflügel, Fisch und Meeresfrüchte sowie viele Obst- und Gemüsearten gehören in den Kühlschrank. Wichtig ist jedoch, sie dort an die richtige Stelle zu räumen, da im Kühlschrank nicht überall die gleiche Temperatur herrscht.

Grundsätzlich gilt: Alle Lebensmittel, die man im Kühlschrank aufbewahrt, sollten abgedeckt oder eingepackt werden, damit keine Feuchtigkeit verloren geht und keine Gerüche übertragen werden.

In den herkömmlichen Kühlgeräten beträgt die Temperatur zwischen 2 und 8 °C. Oben ist es wärmer als unten, denn kalte Luft sinkt nach unten. Am wärmsten ist es in den Kühlschranktüren und bei Geräten ohne Null-Grad-Fach im Gemüsefach. Das befindet sich zwar ganz unten, doch die darüberliegende Glasplatte hält die Kälte ab. Die folgende Tabelle zeigt, wo welche Lebensmittel am besten gelagert werden.

Was gehört wohin im Kühlschrank?

Lagerplatz	Lebensmittel
Oberstes Fach (ca. 8 °C)	Käse, zubereitete Speisen, Geräuchertes
Mittleres Fach (ca. 5 °C)	Milchprodukte
Unterstes Fach über der Glasplatte (2–3 °C)	Leicht verderbliches wie Fleisch, Fisch, Geflügel, Wurstwaren, Feinkostsalate, angebrochene Packungen
Gemüsefach (ca. 9 °C)	Obst und Gemüse (mit Ausnahme der für den Kühlschrank ungeeigneten Arten, → Seite 196)
Kühlschranktür (ca. 9 °C)	Eier, Butter, Milch, Dressing, Saucen, Tuben, Marmelade, Getränke

Immer mehr Hersteller haben sogenannte Mehrzonengeräte im Programm, die neben dem normalen Kühlbereich auch eine Kaltlagerzone mit Temperaturen zwischen 0 und 2 °C bieten. Der Vorteil: Milch, Gemüse, Wurst und andere schnell verderbliche Lebensmittel halten sich darin bis zu dreimal länger frisch als im herkömmlichen Kühlschrank. Nicht nur die Temperatur, auch die

Luftfeuchtigkeit lässt sich regulieren. Bei den Klimazonen in diesen Kühlschränken werden Null-Grad-Zone – trocken oder feucht –, Kühlzone, Kellerzone und Gefrierzone unterschieden.

In einem Mehrzonenkühlgerät ist es wichtig, die Lebensmittel verpackt oder abgedeckt zu lagern, mit Ausnahme der feuchten Null-Grad-Zone: Hier müssen die Lebensmittel offen gelagert werden, wobei das Fach immer möglichst gut gefüllt sein sollte.

Was gehört wohin im Mehrzonenkühlgerät?

Klimazone	Lebensmittel
Null-Grad-Zone, trocken (relative Luftfeuchtigkeit 50–55 %)	Fisch, Fleisch, Fleischwaren (Wurst), Geflügel, Milchprodukte und Käse
Null-Grad-Zone, feucht (relative Luftfeuchtigkeit bis 95 %)	kälteunempfindliches Gemüse, Obst, Küchenkräuter, Pilze und Salate
Kühlzone (4–8 °C)	Eier, Margarine, Marmelade, Fertiggerichte, Kuchen, Torten, gegarte Speisen und Mayonnaise
Kellerzone (8–12 °C)	kälteempfindliche Lebensmittel, z. B. Südfrüchte, Tomaten, Gurken oder Kartoffeln
Gefrierfach (–18 °C)	Einfrieren und Lagern von Tiefkühlkost

Berücksichtigen Sie bei Ihrer Resteverwertung, dass die Lagerdauer von Lebensmitteln – vor allem auch von bereits gegarten Speisen – im Kühlschrank begrenzt ist. Alles, was die Lagerdauer überschritten hat und nicht mehr wie gewohnt riecht, sollten Sie wegwerfen.

Die Angaben in der folgenden Tabelle sind Richtwerte, denn die Lagerzeit hängt von der Frische der Rohware und der Temperatur und Luftfeuchtigkeit im Kühlschrank ab. Die Lagerdauer bezieht sich auf einen herkömmlichen Kühlschrank, bei den Mehrzonenkühlgeräten gibt es je nach Hersteller größere Unterschiede.

Lagerdauer im Kühlschrank

Lebensmittel (wenn nichts anderes angegeben ist, sind rohe Lebensmittel gemeint)	**Lagerdauer**
Obst und Gemüse	
Beerenobst	1–2 Tage
Steinobst: Aprikosen, Kirschen, Nektarinen, Pflaumen, Zwetschgen	2–3 Tage
Kompott; geöffnete Obstkonserven (umfüllen in verschließbares Gefäß)	2–3 Tage
Blattsalat, Kräuter, frischer Spinat	1–2 Tage
Bohnen, Erbsen	1–2 Tage
Radieschen, Staudensellerie, Zuckermais	2–3 Tage
Wurzelgemüse	6–8 Tage
Gegartes Gemüse	1–2 Tage
Fleisch und Geflügel	
Hackfleisch	12 Stunden
Hackfleisch, gegart	1–2 Tage
Fleisch, Geflügel	1–2 Tage
Fleisch, gegart	2–3 Tage
Hähnchen, gebraten	1–2 Tage
Innereien	1 Tag
Rohe Bratwurst	1 Tag
Bratwurst, gebraten	2–3 Tage
Brüh- und Kochwurst, geräuchert	2–4 Tage
Schinken, gekocht	2–3 Tage
Schinken, geräuchert	4–5 Tage
Fisch und Meeresfrüchte	
Frischer Fisch, frische Meeresfrüchte	1 Tag
Fisch, gegart	1–2 Tage
Geräucherter Fisch	2–4 Tage
Fischkonserven, geöffnet und umgefüllt	1–2 Tage

Milchprodukte und Eier	
Joghurt, Sahne, Sauermilch, geöffnet	3–4 Tage
Frisch- und Weichkäse	3–4 Tage
Eier, roh	15–20 Tage
Eier, gekocht	10–14 Tage
Schnitt- und Hartkäse (am Stück)	8–10 Tage

Sonstiges	
Tiefkühlkost, aufgetaut	bis 1 Tag
Salate mit Mayonnaise, geöffnet	1–2 Tage
Kartoffeln, Reis, Nudeln, gegart	1–2 Tage
Kuchen mit Beerenobst	1–2 Tage
Andere Kuchen	2–3 Tage

Obst und Gemüse

Die meisten Obst- und Gemüsearten lassen sich ein paar Tage im Obst- und Gemüsefach des Kühlschranks aufbewahren – am besten in luftdurchlässigen oder gelochten Folienbeuteln. Blattsalate, Kräuter und Spargel bleiben länger als zwei Tage frisch, wenn man sie vorher in ein angefeuchtetes Tuch wickelt und so ins Gemüsefach legt. Das Grün von Radieschen und Möhren sollte man abschneiden, da es beim Lagern dem Gemüse Feuchtigkeit entzieht.

Einige Arten sind kälteempfindlich: Sie bekommen im Kühlschrank z. B. wässrig-glasige Stellen oder büßen an Aroma ein. Daher sollten sie außerhalb des Kühlschranks aufbewahrt werden, möglichst an einem dunklen, kühlen Ort.

Kälteverträglich	Kälteempfindlich
Kernobst: Äpfel, Birnen, Weintrauben	
Steinobst: Aprikosen, Kirschen, Nektarinen, Pflaumen, Zwetschgen	
Beeren: Blaubeeren, Brombeeren, Erdbeeren, Himbeeren, Johannisbeeren	
	Melonen, Wassermelonen
Südfrüchte: Feigen, Kiwis	**Südfrüchte:** Ananas, Avocados, Bananen, Granatäpfel, Guaven, Papayas, Passionsfrüchte
	Zitrusfrüchte: Grapefruits, Orangen, Mandarinen, Zitronen
Gemüse: Artischocken, Blattsalate, Erbsen, Kohlgemüse, Kohlrabi, Möhren, Radieschen, Sellerie, Spargel, Spinat, Zuckermais	**Gemüse:** Auberginen, Gurken, grüne Bohnen, Kartoffeln, Kürbisse, Okraschoten, Paprika, Tomaten, Zucchini

? Schon gewusst? Die Sache mit dem Ethylen

Viele Früchte und auch einige Gemüsearten wie Tomaten und Paprika reifen nach der Ernte nach und scheiden dabei das Gas Ethylen aus. Darauf wiederum reagieren manche Früchte empfindlich und verderben schneller.

Stark ethylenausscheidende Früchte sind: Äpfel, Aprikosen, Avocados, Birnen, Cantaloupe-Melonen, Cherimoyas, Feigen, Kapstachelbeeren, Nektarinen, Papayas, Passionsfrüchte, Pfirsiche und Pflaumen.

Auf Ethylen sehr empfindlich reagieren: Äpfel, Aprikosen, Avocados, Bananen, Birnen, Cherimoyas, Honigmelonen, Kiwis, Mangos, Nektarinen, Papayas, Passionsfrüchte, Pfirsiche, Quitten, Blumenkohl, Brokkoli, Gurken, Kopfkohl, Rosenkohl, Tomaten.

Man sollte Obst und Gemüse dieser beiden Gruppen also nicht zusammen lagern oder Früchte, die viel Ethylen ausscheiden, in einem Folienbeutel verpacken. Man kann sich das Phänomen auch zunutze machen und grüne Bananen und steinharte Kiwis z. B. neben Äpfeln schneller nachreifen lassen.

Brot
gehört in einen Brotkasten oder ein Brotfach, die sauber, trocken und luftdurchlässig sein dürfen. Schnittbrot kann darin in einem Plastikbeutel aufbewahrt werden. Die Krümel regelmäßig entfernen, den Brotkasten mit Essigwasser auswischen und abtrocknen. Knäckebrot wird im Brotkasten weich, daher separat in einer Plastikdose aufbewahren.

Frisches Geflügel
muss gut abgedeckt werden und darf wegen der Salmonellengefahr nicht mit Lebensmitteln in Berührung kommen, die roh gegessen werden.

Käse
Der richtige Platz im Kühlschrank für Käse ist das oberste Regal oder das Gemüsefach. Jeder Käse braucht seine eigene Verpackung, damit er nicht austrocknet und seinen Geruch nicht auf die Nachbarn überträgt. Allerdings sollte er nur locker eingeschlagen sein, damit er atmen kann. Man lässt den Käse am besten in der Spezialverpackung aus dem Lebensmittelhandel. Hat man diese nicht mehr zur Hand, empfiehlt sich:

- Hart- und Schnittkäse locker in Frischhaltefolie einschlagen
- Weichkäse in eine luftdurchlässige Kunststoffbox legen oder in Frischhaltefolie, die mit einem spitzen Messer perforiert wurde
- Edelpilzkäse fest in Alufolie verpacken
- Frischkäse muss nicht atmen, er kann am besten in einem luftdicht verschlossenen Behälter aufbewahrt werden.

Reste
aus geöffneten Konserven müssen in andere Gefäße umgefüllt und innerhalb von zwei Tagen verbraucht werden.

Das Tiefkühlgerät

Keine Zeit zum Verarbeiten von Resten? Dann erst einmal ab in den Kälteschlaf! Das Tiefgefrieren ist bei uns zur beliebtesten Vorratshaltung geworden, weil es schnell geht und Nährstoffe schont. Gleichzeitig ist es eine praktische „Erste Hilfe" für die Resteverwertung. Nicht nur Reste von gekochten Speisen, auch rohe Lebensmittel wie Obst oder Gemüse können Sie durch rechtzeitiges Einfrieren „retten", wenn Sie beispielsweise zu viel eingekauft haben. Daher finden Sie ab Seite 200 einen umfassenden Überblick, welche Lebensmittel in welchem Zustand eingefroren werden können.

Auch die Lagerdauer von Tiefgefrorenem ist nicht unbegrenzt – detaillierte Hinweise zur Lagerdauer finden sich in der Gebrauchsanleitung Ihres Geräts. Als Richtschnur:

Obst und Gemüse: 11–15 Monate
Rindfleisch und Geflügel: 9–12 Monate
Fisch und fettreiches Fleisch: 6–9 Monate
Käse: 2–4 Monate
Butter: bis zu 9 Monate
Margarine, Quark, Sahne: bis zu 12 Monate
Eier: bis zu 12 Monate
Brot, Brötchen, Hefegebäck, Biskuitböden, Obstkuchen, Rührkuchen: bis zu 6 Monate
Torten, Blätterteig (roh): bis zu 2 Monate
Biskuit-, Hefe- und Rührteig (roh): bis zu 1 Monat

Damit Sie Ihren auf Eis gelegten Vorrat gut nutzen, gilt auch hier: Überblick behalten! Selbst eingefrorene Lebensmittel sollten Sie gleich mit Inhaltsangabe und Datum beschriften, eventuell auch das Verfallsdatum mit notieren. Für Ordnungsprofis bietet sich hier ebenfalls eine Liste der Vorräte an: So kann man diese bei der Essensplanung zur Hand nehmen und die Lebensmittel rechtzeitig vor dem Verfallsdatum verwerten.

Zeitspar-Tipp

Im Tiefkühlgerät finden Sie das Gesuchte schneller, wenn Sie die Lebensmittel nach Produktgruppen sortiert aufbewahren, z. B. Gemüse und Kräuter immer in die oberste Schublade packen. Außerdem wird so keine Energie durch die lange Suche bei offen stehender Tür vergeudet.

Tipps zum richtigen Einfrieren

- Frische Produkte im Top-Zustand eignen sich am besten fürs Einfrieren, also Obst und Gemüse ohne braune Stellen, Hackfleisch und Fisch des Einkaufstages.
- Obst und Gemüse werden klein geschnitten, die meisten Gemüsearten blanchiert (⇢ Seite 200 ff.). Dazu das Gemüse 1–2 Minuten in siedendes Wasser tauchen oder dämpfen und anschließend rasch in einem Eiswasserbad abkühlen. Blanchieren erhält die frische Farbe und verlangsamt den Abbau von Vitaminen.
- Verpacken Sie Vorräte möglichst luftdicht. Für feste Lebensmittel wie Brot oder Fleisch sind Gefrierbeutel geeignet, aus denen Sie die Luft herausdrücken. Flüssiges füllen Sie bis zu 2 cm unter den Rand in gefriergeeignete Kunststoffbehälter. Rechteckige Dosen sind platzsparender als runde.
- Halten Sie für die Resteverwertung immer kleine Gefrierbeutel (z. B. 1 l) und -behälter bereit.
- Auch das Einfrieren kleiner Reste, z. B. einiger Esslöffel gekochter Nudeln, kann sich lohnen, wenn Sie diese in Gefrierbehältern „sammeln“. Dazu benötigen Sie genügend große Behälter, die Sie mit Datum beschriften und immer weiter befüllen. Das ist natürlich nur bei häufig anfallenden Resten sinnvoll.
- Lebensmittel sollten möglichst schnell eingefroren werden (in der Gefriertruhe im Vorgefrierfach, an den Außenwänden des Geräts). Dadurch bilden sich nur kleine Eiskristalle, die Zellwände des Gefrierguts werden nicht zerstört und beim Auftauen tritt weniger Saft aus.

- Frieren Sie Lebensmittel in den passenden Portionsgrößen ein, die Sie für spätere Zubereitungen brauchen – im Zweifel lieber mehrere kleinere Portionen.
- Speisen, die aus roh eingefrorenen Lebensmitteln zubereitet wurden, wie z. B. Gemüse oder Fleisch, können Sie nochmals einfrieren.
- Schon einmal aufgetaute Fertiggerichte (oder selbst zubereitete gegarte Speisen) sollten nach Einfrieren und Auftauen nicht ein zweites Mal eingefroren werden, der Verlust an Inhaltsstoffen und Qualität wäre einfach zu groß.

Was kann eingefroren werden?

Gemüse
Bei den meisten Gemüsearten empfiehlt sich Blanchieren vor dem Einfrieren.

Bei Paprika, Zucchini und Auberginen ist Blanchieren nicht nötig, da es keine Qualitätsverbesserung bringt.

Erntefrischer Spargel kann geschält und unblanchiert eingefroren werden.

Kräuter werden ebenfalls nicht blanchiert. Nach dem Waschen trocken tupfen und ganz oder gehackt einfrieren. Gehackte Kräuter können Sie auch in Eiswürfelbehälter geben und mit Wasser bedeckt einfrieren – diese Methode eignet sich vor allem für kleine Reste. So können Sie sie später portionsweise entnehmen und in Suppen oder Eintöpfe geben.

Aufgetaute Tomaten sind sehr matschig und roh zum Essen nicht mehr geeignet, daher werden sie vor dem Einfrieren heiß überbrüht, enthäutet und in Stücke geschnitten.

Zwiebeln und Knoblauch können nur angedünstet eingefroren werden.

Ungeeignet zum Einfrieren sind Blattsalate, Rettich und Radieschen.

Obst

Fast alle Obstarten können roh eingefroren werden, mit Ausnahme von Weintrauben. Alle Obstarten – bis auf Beeren – werden nicht ganz, sondern in Stücke geschnitten oder in Spalten geteilt eingefroren.

Übrig gebliebene Apfelspalten – auch wenn sie leicht braun sind – können Sie ebenfalls einfrieren und später zu Apfelmus kochen.

Aprikosen und Pfirsiche werden am besten blanchiert und enthäutet. So können Sie auch schon leicht matschige Früchte noch retten und später beispielsweise für einen Auflauf oder eine Dessertsauce verwenden.

Beerenobst, das in Form bleiben soll, weil Sie es später z. B. für eine Torte oder zum Garnieren verwenden möchten, sollte auf einem Tablett oder größeren Schneidebrett nebeneinander liegend im Tiefkühlgerät vorgefroren werden, damit es nicht aneinanderklebt und matschig wird. Kleine Reste von Beeren können eingefroren und später zu einer Dessertsauce oder roten Grütze verarbeitet werden.

Geschmack, Farbe und Form von Obst bleiben besser erhalten, wenn Sie es mit etwas Zucker einfrieren. Beeren mit ca. 100 g Zucker auf 1 kg Obst bestreuen, bei Stein- und Kernobst empfiehlt sich eine Zuckerlösung: je nach Süße der Früchte ca. 450 g Zucker mit 1 l Wasser aufkochen, abkühlen lassen und die Früchte damit übergießen.

Obst, das später für Marmeladen, Kuchen oder süße Aufläufe verwendet werden soll, wird ungezuckert eingefroren.

Obst in pürierter Form oder fertig zubereitetes Mus ist ebenfalls fürs Einfrieren gut geeignet.

Bananen und Avocados sind nach dem Auftauen sehr matschig, daher werden sie besser gleich in Stücke geschnitten oder als Püree eingefroren.

Zitronen presst man aus und friert den Saft ein.

Backwaren, Teige
Da Gebäck im Gefriergerät stark austrocknet, sollte es besonders gut verpackt werden. Je frischer es eingefroren wird, desto besser schmeckt es nach dem Auftauen.

Brot friert man am besten scheibenweise ein.

Auch rohe Teige kann man einfrieren. Hefeteig muss nach dem Auftauen aber zunächst gehen können.

Eier, Milchprodukte
Eier friert man aufgeschlagen ein, entweder als Ganzes oder in Eigelb und Eiweiß getrennt. Eigelbe sollten Sie mit einer Prise Salz oder Zucker einfrieren, dadurch haben sie nach dem Auftauen eine bessere Qualität. Gekochte Eier eignen sich nicht zum Einfrieren.

Milch ist zum Einfrieren nicht gut geeignet, homogenisierte Milch können Sie nach dem Auftauen noch zum Kochen oder Backen verwenden.

Joghurt, saure Sahne, Dickmilch und Crème fraîche flocken aus. Süße Sahne aus dem Tiefkühler sollte schon in angetautem Zustand geschlagen werden, für Heißgetränke ist sie nicht mehr geeignet, da sie darin ausflockt. Quark und Frischkäse hingegen können ohne Qualitätsverluste eingefroren werden, ebenso Butter und Butterschmalz.

Hartkäse kann eingefroren werden, nach dem Auftauen ist er meist bröckelig, er kann aber sehr gut – am besten noch in gefrorenem Zustand – gerieben und zum Überbacken oder Bestreuen von Nudelgerichten oder Risottos verwendet werden. Daher lohnt es sich durchaus, auch kleine Reste Hartkäse einzufrieren.

Weichkäse kann eingefroren werden, wenn er eine gute Reife erreicht hat, aber nicht überreif ist. Die Qualität nach dem Auftauen überzeugt nicht unbedingt, er ist aber noch für Ofengerichte geeignet. Das Gleiche gilt für Blauschimmelkäse und Mozzarella.

Fleisch, Geflügel, Wurstwaren, Schinken, Speck

Fleisch und Geflügel können roh oder gegart generell sehr gut eingefroren werden. Hackfleisch sollten Sie unbedingt sofort nach dem Einkauf einfrieren.

Bevor Sie ein ganzes Geflügel einfrieren, nehmen Sie eventuell vorhandene Innereien heraus und frieren diese separat verpackt ein.

Gebratenes oder gegrilltes Fleisch oder Würste sind nach dem Auftauen trocken und eher dazu geeignet, in einer Sauce oder in einem Auflauf erwärmt zu werden, als pur in der Pfanne oder im Backofen.

Auch die Qualität von aufgetauter Wurst – ganz oder in Scheiben – sowie von rohem und gekochtem Schinken ist nicht optimal. Sie eignet sich eher zur Verarbeitung in einem Auflauf oder Omelett.

Rohwürste und roher Schinken halten sich in einer kühlen Vorratskammer übrigens länger als im Tiefkühlgerät.

Leber zerfällt nach dem Auftauen, ist also nicht gefriergeeignet.

Fisch und Meeresfrüchte

Da diese Produkte sehr rasch verderben, sollten Sie nur fangfrische Ware einfrieren. Fische können problemlos eingefroren werden, auch geräucherte. Diese sollten allerdings höchstens zwei Monate in der Tiefkühltruhe bleiben, da sie ansonsten zu viel Geschmack verlieren.

Frische Muscheln können ebenfalls eingefroren werden, man sollte sie jedoch vorher abkochen und aus der Schale lösen (Ausnahme: Austern werden roh eingefroren).

Garnelen können roh mit Schale oder abgekocht mit oder ohne Schale eingefroren werden. Sie können sie später unaufgetaut in siedendem Wasser ziehen lassen oder in eine Sauce geben.

Süßes Gebäck

Kuchen und Kleingebäck sind zum größten Teil gefriergeeignet, es gibt jedoch einige Ausnahmen: Das sind Beerentorten, Käsekuchen, Makronen und Baisers, da ihre Konsistenz nach dem Auftauen nicht mehr überzeugt. Puddingfüllungen werden nach dem Auftauen wässrig. Zuckerguss, Puderzucker und Tortenguss werden fleckig – das Gebäck schmeckt noch, ist aber unansehnlich.

Verzierte Sahnetorten sollten Sie zunächst ohne Verpackung vorgefrieren, also in das Tiefkühlgerät stellen, bis sie außen fest geworden sind, damit die Verzierungen nicht zerstört werden. Das dauert etwa eine Stunde. Erst anschließend werden sie wie gewohnt verpackt.

Kuchen können Sie bei 200 °C im Backofen auftauen – ausgenommen natürlich Sahne- und Cremetorten. Letztere schneiden Sie am besten in noch leicht gefrorenem Zustand in Stücke.

Fertige Speisen

Viele gegarte Gerichte sind zum Einfrieren geeignet: Fleischgerichte, besonders solche mit Sauce, Eintöpfe, klare und gebundene Suppen (ohne Sahne oder Eigelb!), Klöße, Nudeln, Reis, süße und pikante Aufläufe.

Quarkcremes können ebenfalls eingefroren werden, nicht aber Zubereitungen mit Joghurt oder flüssiger Sahne.

Mayonnaise und Aioli sollten nicht eingefroren werden, nach dem Auftauen trennen sich ihre Bestandteile voneinander.

Tipps zum Auftauen

Das richtige Auftauen hat großen Einfluss auf die Konsistenz der Produkte und ihren Nährstoffgehalt. Außerdem werden Mikroorganismen, die durch das Einfrieren lediglich in einen Kälteschlaf versetzt wurden, beim Auftauen schnell wieder aktiv; die Art des Auftauens hat Einfluss auf den Keimgehalt der Lebensmittel.

- Die Nährstoffe von Gemüse bleiben am besten erhalten, wenn Sie es tiefgefroren garen.
- Obst kann im Kühlschrank, bei Zimmertemperatur oder in der Mikrowelle aufgetaut werden. Beim Auftauen im Kühlschrank tritt etwas weniger Tropfsaft aus, Vitamingehalt und Geschmack werden von der Art des Auftauens nicht beeinflusst.
- Scheibenweise eingefrorenes Brot tauen Sie im Toaster auf, dabei wird es gleichzeitig schön knusprig.
- Ganze Kuchen und Brote lassen Sie bis zu 1 Stunde bei Zimmertemperatur vortauen und erwärmen sie dann etwa 10 Minuten bei 200 °C im Backofen oder kurz in der Mikrowelle. Damit sie nicht austrocknen, sollten sie in Alufolie oder eine andere hitzebeständige Folie eingewickelt sein.
- Auch Milchprodukte und Eier tauen Sie im Kühlschrank auf, um Keimwachstum zu verhindern.
- Fleisch, Geflügel, Fisch und Meeresfrüchte werden am besten im Kühlschrank aufgetaut, um die Vermehrung von gesundheitsschädlichen Keimen zu bremsen. Sie sollten aus ihrer Verpackung genommen und abgedeckt auf einen Porzellanteller gelegt werden. Optimal ist eine Schüssel mit Siebeinsatz, damit das Abtauwasser gleich abläuft.
- Beim Auftauen von Geflügel an die Salmonellengefahr denken: Rohes Geflügel und das Auftauwasser sollten mit keinen anderen Lebensmitteln in Berührung kommen, die Auftauflüssigkeit keinesfalls mitverwenden.
- Suppen erhitzen Sie unaufgetaut im Topf, auch Suppeneinlagen wie Klößchen werden am besten noch gefroren in der Suppe erwärmt.

- Saucen erwärmen Sie ebenfalls unaufgetaut oder angetaut langsam im Topf, das Gleiche gilt für Fleischgerichte mit Sauce wie Gulasch und Ragout oder Eintöpfe. Eventuell muss noch etwas Wasser zugegeben werden.
- Kurzgebratenes wird angetaut und dann in der Pfanne in wenig Fett oder im Backofen bei 200 °C erwärmt.
- Ofengerichte wie Pizzen, Quiches und Aufläufe backen Sie bei 200–225 °C im Backofen auf, wobei Sie Aufläufe vorher bei Zimmertemperatur 1–2 Stunden antauen lassen sollten.

Weitere Methoden der Haltbarmachung

Natürlich gibt es zahlreiche weitere Methoden des Haltbarmachens, die für die Resteverwertung geeignet sind. Zeit und Geld sparen Sie dadurch nicht unbedingt. Sie lohnen sich daher nur, wenn Sie Spaß daran haben oder große Mengen Obst und Gemüse aus dem eigenen Garten verwerten möchten. Außerdem lassen sich durch Einkochen oder Einlegen individuelle Geschenke herstellen, beispielsweise Marmeladen oder Kräuteressig.

Das Einkochen von Obst und Gemüse im Einkochtopf, im Backofen oder in der Mikrowelle eignet sich, um Ernteschwemmen zu verarbeiten oder Zeiten eines günstigen saisonalen Angebots zu nutzen.

? Schon gewusst? Eine Alternative zum Einfrieren: Tomatensauce im Glas

Das Heißeinfüllen – im Prinzip das Verfahren, das auch beim Herstellen von Marmelade angewendet wird – eignet sich auch für Tomaten. Dafür 1 kg Tomaten putzen, hacken und zusammen mit etwas Wasser, 1 TL Salz , 1 TL Zucker und einem Sträußchen mediterraner Kräuter einige Minuten sprudelnd kochen, die Kräuter entfernen und die Tomaten sofort in sterilisierte Gläser füllen. Etwas von dem flüssigen, im Topf verbliebenen Sud nochmals aufkochen, die Gläser damit randvoll füllen und sofort verschließen. Kühl und dunkel gelagert, ist die Sauce bis zu einem Monat haltbar. Die Sauce kann später je nach Rezept nachgewürzt werden. Alle anderen Gemüsearten sind für das Heißeinfüllen leider nicht geeignet.

Unter Zusatz von Gelierzucker können Früchte zu Marmelade oder Gelee gekocht werden. Es muss nicht immer die gute, alte Erdbeermarmelade sein: Eine Fülle raffinierter Rezepte für Pickles, Chutneys oder Saucen kombinieren beispielsweise Obst mit Gemüse, Kräutern und (exotischen) Gewürzen.

Pilze, Kräuter und Obst können getrocknet werden, Pilze und Kräuter mit geringem Aufwand an der Luft.

Mit Kräutern können Sie aromatisierten Essig herstellen, Gemüse kann in Essig eingelegt werden.

Gemüse oder Schafskäse kann in Öl eingelegt werden. Kühl und dunkel gelagert, sind die Produkte bis zu 4 Monate haltbar.

? Schon gewusst? Einlegen in Öl

Vor allem Gemüse, Kräuter und Käse sind zum Einlegen in Öl geeignet. Werden die Gläser dunkel, kühl und lichtgeschützt gelagert, sind die Lebensmittel darin 3–4 Monate haltbar. Käse beispielsweise hält sich so in weitaus besserem Zustand als im Tiefkühlgerät! Wer Spaß daran hat, kann auch verschiedene Rezepte ausprobieren oder selbst entwickeln, z. B. Gemüse mit Kräutern und Gewürzen einlegen und als Antipasti servieren. Wichtig für die Haltbarkeit ist: Mit sterilisierten Gläsern arbeiten und Lebensmittel und Öl abwechselnd einfüllen und dicht einschichten, damit sich im Öl keine Luftblasen bilden.

Schädlinge und Schimmel

Sicher kennen Sie die Situation: Sie holen sich voller Vorfreude aufs Kuchenbacken eine Tüte Mehl aus dem Küchenschrank, öffnen sie und schrecken angeekelt zurück: Das Mehl klumpt zusammen und ist von einer Art Gespinst durchzogen. Vorratsschädlinge wie Mehlmotten oder Getreideplattkäfer verunreinigen die Lebensmittel und machen sie unbrauchbar. Besonders gefährdet sind Getreide und Getreideprodukte sowie Backzutaten, wenn sie zu warm und bei hoher Luftfeuchtigkeit gelagert werden, was in der Küche eigentlich immer der Fall ist.

Befallene Lebensmittel sollten Sie sofort komplett entsorgen, und zwar in einer Mülltonne außerhalb des Hauses. Ist eine Packung befallen, bleibt es leider oft nicht dabei. Daher sollten Sie alle Vor-

? Schon gewusst? Verbrauchsdatum ist nicht gleich Mindesthaltbarkeitsdatum

Das Mindesthaltbarkeitsdatum (MHD) gibt das Datum an, bis zu dem die Ware bei Einhaltung der angegebenen Lagerbedingungen mindestens haltbar ist. Das bedeutet aber nicht, dass das Lebensmittel kurz nach Ablauf dieses Datums ungenießbar oder gesundheitsschädlich ist, meist ist es noch völlig in Ordnung.

Ist ein Lebensmittel vor Ablauf des MHD verdorben, muss das Geschäft den Warenwert gegen Vorlage des Kassenbons ersetzen.

Besonders empfindliche Lebensmittel wie Hackfleisch, Geflügel, rohe Bratwurst oder Lachs sind bei den angegebenen Temperaturen (meistens 2 °C) zu lagern und spätestens bis zum entsprechenden Datum zu verbrauchen (= Verbrauchsdatum). Der Hinweis auf der Verpackung lautet: „Zu verbrauchen bis ...“. Nach diesem Datum ist der Verzehr solcher Lebensmittel gesundheitsgefährdend! Lachs aus der Kühltheke hat in der Vergangenheit öfter schon vor dem Verbrauchsdatum viele Keime enthalten – daher zur Sicherheit einige Tage vor dem Verbrauchsdatum verzehren.

räte kontrollieren und die Schränke gründlich reinigen. Wer prüfen möchte, ob alle Schädlinge beseitigt sind, kann eine Lockstofffalle aufstellen.

Am besten ist es natürlich, den Schädlingen erst gar keine Chance zu geben:

- Nach dem Einkauf prüfen, ob Verpackungen beschädigt sind.
- Geöffnete Vorräte in dicht schließende Behälter füllen.
- Die Vorräte in regelmäßigen Abständen kontrollieren und dabei gleich die Vorratsschränke auswischen.

Wegwerfen

Trotz aller Vorsichtsmaßnahmen wird es immer wieder vorkommen, dass Lebensmittel im Haushalt verderben. Riecht ein Lebensmittel also unangenehm oder besteht Gefahr für die Gesundheit, ist Wegwerfen die einzig richtige Lösung. In folgenden Fällen müssen Lebensmittel in die Mülltonne – bitte nicht in die Toilette! – wandern:

- Ranzig riechendes oder zusammenklumpendes Mehl
- Von Schimmel befallene Lebensmittel. Es reicht meist nicht, die befallenen Stellen zu entfernen, da sich der Schimmelpilz für das Auge nicht sichtbar schon weiter ausgebreitet haben kann. Ausnahmen: Konfitüre mit mehr als 50 Prozent Zucker, Hartkäse und ganze Brotlaibe mit wenig Schimmel an der Kruste. Hier genügt es, die befallenen Stellen großzügig zu entfernen. Wer ganz sicher gehen möchte, wirft lieber auch diese Lebensmittel komplett weg.
- Nüsse bilden eine besonders giftige Schimmelart. Falls Ihnen erst beim Essen ein merkwürdiger, etwas bitterer Geschmack auffällt, sollten Sie die Nüsse ausspucken.
- In braun angefaultem, wasserhaltigem Obst und Gemüse wie Tomaten oder Pfirsichen können sich Schimmelpilze gebildet haben, daher lieber wegwerfen. Bei härteren Arten wie Äpfeln oder Birnen können Sie die braunen Stellen großzügig herausschneiden.
- Reste von Lebensmitteln, die mit rohem Eigelb zubereitet wurden, z. B. Mayonnaise, Aioli, Tiramisu (Salmonellengefahr)
- Zusammenklumpendes Gewürzpulver oder Trockenkräuter
- Inhalt von Konserven, bei denen Boden oder Deckel nach außen gewölbt sind
- Lebensmittel nach Ablauf des Verbrauchsdatums (⇢ Seite 208)
- Lebensmittel, in denen sich Mehlmotten oder andere Schädlinge tummeln

Auf einen Blick:
Die Top-Tipps zum Einkauf und zur Vorratshaltung

- Nicht ohne meinen Plan: Mit einem Speiseplan für jede Woche und einer gut strukturierten Einkaufsliste sparen Sie viel Zeit.
- Berücksichtigen Sie bei Ihrer Einkaufsplanung konsequent Ihre Vorräte in Kühlschrank, Tiefkühltruhe, Speisekammer und Keller.
- Gehen Sie nicht hungrig einkaufen.
- Kaufen Sie möglichst nicht unter Zeitdruck ein. Mal eben was fürs Abendessen eingekauft erweist sich zu Hause als Vorrat für den Rest der Woche.
- Die Kühlkette aufrechterhalten (Isoliertüte und Kühlakkus zum Einkaufen mitnehmen).
- Lebensmittel sofort nach dem Einkauf in den Kühlschrank oder die Gefriertruhe legen.
- Faustregel: Lebensmittel dunkel, kühl, trocken und verpackt lagern.
- Die richtige Lagerung von Trockenwaren und Konserven ist auf der Verpackung angegeben.
- Bei Obst und Gemüse darauf achten: Was soll in den Kühlschrank, was soll nicht zusammen gelagert werden?
- Das Mindesthaltbarkeitsdatum regelmäßig kontrollieren und Lebensmittel rechtzeitig verbrauchen.
- Neue Vorräte immer nach hinten ins Regal oder in den Kühlschrank stellen, sodass zuerst die ältere Ware verbraucht wird.
- Angebrochene Packungen in dicht schließende Behälter aus Glas, Metall oder Kunststoff umfüllen.
- Eingemachtes und Eingefrorenes mit Bezeichnung und Datum versehen.

5
Anhang

Obst à la Saison

Wann es was gibt

Einen Saisonkalender zum Aufhängen in der Küche finden Sie unter: www.vz-nrw.de/Saisonkalender. Das Besondere: Sie erfahren dort auch, ob es sich um Produkte mit geringer oder hoher Klimabelastung handelt.

Januar	Februar	März	April	Mai	Juni
Äpfel Birnen Trockenobst	Äpfel Birnen Trockenobst	Äpfel Birnen Trockenobst	Äpfel Rhabarber Trockenobst	Erdbeeren Kirschen, Süß- Rhabarber Stachelbeeren	Erdbeeren Holunderblüten Johannisbeeren, rot, schw., weiß Kirschen, Sauer-, Süß- Pflaumen Rhabarber Stachelbeeren

Juli
- Birnen
- Brombeeren
- Erdbeeren
- Heidelbeeren
- Himbeeren
- Holunderblüten
- Johannisbeeren, rot, schw., weiß
- Jostabeeren
- Kirschen, Sauer-, Süß-
- Mirabellen
- Nektarinen
- Pfirsiche
- Pflaumen
- Renekloden
- Stachelbeeren
- Walnüsse
- Zwetschen

August
- Äpfel
- Birnen
- Brombeeren
- Erdbeeren
- Haselnüsse
- Heidelbeeren
- Himbeeren
- Holunderbeeren
- Johannisbeeren, rot, schw., weiß
- Jostabeeren
- Kirschen, Sauer-
- Mirabellen
- Pfirsiche
- Pflaumen
- Preiselbeeren
- Nektarinen
- Stachelbeeren
- Vogelbeeren
- Zwetschen

September
- Äpfel
- Birnen
- Brombeeren
- Erdbeeren
- Esskastanien
- Hagebutten
- Haselnüsse
- Heidelbeeren
- Himbeeren
- Holunderbeeren
- Johannisbeeren, rot, schw., weiß
- Mirabellen
- Nektarinen
- Pfirsiche
- Pflaumen
- Preiselbeeren
- Quitten
- Sanddornbeeren
- Stachelbeeren
- Vogelbeeren
- Walnüsse
- Trauben
- Zwetschen

Oktober
- Äpfel
- Birnen
- Brombeeren
- Esskastanien
- Hagebutten
- Haselnüsse
- Heidelbeeren
- Himbeeren
- Holunderbeeren
- Johannisbeeren, rot
- Mirabellen
- Pflaumen
- Preiselbeeren
- Quitten
- Sanddornbeeren
- Schlehen
- Vogelbeeren
- Walnüsse
- Trauben
- Zwetschen

November
- Äpfel
- Birnen
- Esskastanien
- Hagebutten
- Quitten
- Sanddornbeeren
- Schlehen
- Walnüsse

Dezember
- Äpfel
- Birnen
- Esskastanien
- Sanddornbeeren
- Schlehen
- Walnüsse
- Trockenobst

Gemüse à la Saison

Wann es was gibt

Einen Saisonkalender zum Aufhängen in der Küche finden Sie unter: www.vz-nrw.de/Saisonkalender. Das Besondere: Sie erfahren dort auch, ob es sich um Produkte mit geringer oder hoher Klimabelastung handelt.

Januar

- Feldsalat
- Grünkohl
- Lauch
- Pastinaken
- Rosenkohl
- Rotkohl
- Sauerkraut
- Schwarzwurzeln
- Sellerie, Knollen-
- Sprossen
- Steckrübe
- Weißkohl
- Wirsing
- Wurzelpetersilie

Februar

- Feldsalat
- Grünkohl
- Lauch
- Löwenzahn
- Pastinaken
- Rosenkohl
- Rotkohl
- Sauerkraut
- Schwarzwurzeln
- Sellerie, Knollen-
- Sprossen
- Steckrübe
- Weißkohl
- Wirsing
- Wurzelpetersilie

März

- Brennessel
- Feldsalat
- Grünkohl
- Lauch
- Löwenzahn
- Pastinaken
- Sauerampfer
- Sauerkraut
- Sprossen
- Wurzelpetersilie

April

- Brennessel
- Löwenzahn
- Sauerampfer
- Sauerkraut
- Spargel
- Spinat
- Sprossen

Mai

- Brennessel
- Gartensalate
- Löwenzahn
- Mangold
- Radieschen
- Rettich
- Rübstiel
- Spargel
- Spinat
- Weiße Rübe
- Weißkohl
- Wirsing
- Zucchini
- Zwiebeln

Juni

- Blumenkohl
- Bohnen, dicke
- Bohnen, Garten-
- Brennessel
- Brokkoli
- Erbsen
- Gartensalate
- Kohlrabi
- Lauch
- Mangold
- Möhren
- Radieschen
- Rettich
- Rübstiel
- Spargel
- Spinat
- Weiße Rübe
- Weißkohl
- Wildpilze
- Wirsing
- Zucchini
- Zwiebeln

Juli

Blumenkohl
Bohnen, dicke
Bohnen, Garten-
Brokkoli
Endivien
Erbsen
Gartensalate
Gurken
Kohlrabi
Lauch
Mangold
Möhren
Radieschen
Rettich
Rotkohl
Sellerie, Stauden-
Spinat
Tomaten
Wildpilze
Zucchini
Zwiebeln

August

Blumenkohl
Bohnen, dicke
Bohnen, Garten-
Brokkoli
Endivien
Erbsen
Fenchel
Gartensalate
Gurken
Kohlrabi
Kürbis
Lauch
Mais
Mangold
Möhren
Radieschen
Rettich
Rotkohl
Sellerie, Stauden-
Spinat
Tomaten
Wildpilze
Zucchini
Zwiebeln

September

Blumenkohl
Bohnen, Garten-
Brokkoli
Chinakohl
Endivien
Feldsalat
Fenchel
Gartensalate
Gurken
Kohlrabi
Kürbis
Lauch
Mais
Mangold
Möhren
Radieschen
Rettich
Rosenkohl
Rote Bete
Rotkohl
Sellerie, Knollen-
Sellerie, Stauden-
Spinat
Steckrübe
Tomaten
Weißkohl
Wildpilze
Wurzelpetersilie
Zucchini
Zwiebeln

Oktober

Blumenkohl
Brokkoli
Chinakohl
Endivien
Feldsalat
Fenchel
Gartensalate
Gurken
Kohlrabi
Kürbis
Lauch
Mais
Möhren
Pastinaken
Radieschen
Rettich
Rosenkohl
Rote Bete
Rotkohl
Rübstiel
Schwarzwurzeln
Sellerie, Knollen-
Sellerie, Stauden-
Spinat
Steckrübe
Tomaten
Weiße Rübe
Weißkohl
Wildpilze
Wirsing
Wurzelpetersilie
Zucchini
Zwiebeln

November

Blumenkohl
Brokkoli
Chinakohl
Endivien
Feldsalat
Fenchel
Kürbis
Lauch
Möhren
Pastinaken
Rosenkohl
Rote Bete
Rotkohl
Rübstiel
Schwarzwurzeln
Sellerie, Knollen-
Sprossen
Steckrübe
Weiße Rübe
Weißkohl
Wirsing
Wurzelpetersilie

Dezember

Feldsalat
Grünkohl
Pastinaken
Rosenkohl
Sauerkraut
Schwarzwurzeln
Sprossen
Sellerie, Knollen-
Steckrübe
Weiße Rübe
Weißkohl
Wirsing
Wurzelpetersilie

Resteregister

A

Ajvar 86
Amaretti 56
Ananas 43
Apfel 43, 44
Apfelmus 44
Aprikose 44
Aprikose, getrocknet 44
Artischocken, Konserve 32
Aubergine 32
Auberginenscheiben, gegart 32
Austernpilze, › Champignons 34
Avocado 44
Avocado, überreif 45

B

Bärlauch 32
Baguette 56
Baiser 56
Banane 45
Banane, überreif 45
Basilikum 33
Bauernbrot 56
Béchamelsauce 86
Beeren 45, 46
Beeren, tiefgefroren 46
Beerenmischung, TK 46
Birne 46
Birne, überreif 46
Blattsalat 33
Blauschimmelkäse 65
Blechkuchen mit Obst 57
Blumenkohl, roh 33
Blumenkohl, gegart 33
Blutwurst 75
Bohnen, grüne, gegart 33
Bohnen, weiße, getrocknet 33
Bohnen, weiße, gegart 33
Bohnen, weiße; Konserve 33
Bohneneintopf 34
Braten 70
Bratkartoffeln 51
Bratwurst, roh 75
Bratwurst, gebraten oder gegrillt, › Grillfleisch 71
Brötchen 57
Brombeeren, › Beeren 45, 46
Brokkoli, gegart 34
Bulgur, gegart, › Couscous 61
Butterkekse 57
Buttermilch 65

C

Cashewkerne 82
Champignons 34
Chicorée 34
Chicorée, gegart 34
Chilisauce, Fertigprodukt 86
Chinakohl 34
Chips 88
Christstollen, › Blechkuchen 57
Ciabatta 57
Cocktailtomaten 34
Tomaten, Cocktail~ 34
Corned Beef 75
Cornflakes, ungesüßt 61
Couscous, gegart 61
Crème fraîche 66
Crêpes, mit Zucker 64
Crêpes, ohne Zucker 64

Croissant, › Blechkuchen 57
Currysauce, Fertigprodukt 86

D
Dattel, getrocknet 46
Dauerwurst 75

E
Eier, frisch 64
Eier, hart gekocht 64
Eigelb 64
Eiweiß 65
Erbsen, gegart 34, 35
Erdbeereis 88
Erdbeeren 47
Extrahartkäse 66

F
Filet 70
Fischfilet, natur, gegart 78
Fischfilet, paniert 79
Fischsalat, Fertigprodukt 79
Feige 47
Feige, überreif 47
Forelle, gegart 79
Forelle, geräuchert 79
Frikadellen 71
Frikassee, vom Huhn oder Kalb 71
Frischkäse 66
Frischkäse, körniger 66
Frischwurst 75, 76
Frischwurst, gewürfelt 76
Frischwurst, in Scheiben 76
Frühlingszwiebeln 35

G
Garnelen, ausgelöst, in Salzlake 79
Garnelen, gebraten 80
Gemüse, gegart, versch. Arten 35
Gemüseauflauf (fester, mit Eiermilch) 35
Geschnetzeltes 71
Glasnudeln, gegart 61
Gnocchi, gegart 51
Grapefruit 47
Grießbrei 61
Grillfleisch 71
Grissini 58
Gulasch 71
Gurken 35, 36

H
Hähnchenfleisch, gegart, Haut entfernt 72
Hähnchenschnitzel 72
Haferflocken, Instant 61
Haferflocken, blütenzarte 61
Haferflocken, kernige 62
Hartkäse 66
Hartkäse, ausgetrocknet 67
Haselnüsse, ganz 82
Haselnüsse, gemahlen 82
Hefezopf, › Blechkuchen 57
Heidelbeeren, › Beeren 45, 46
Heringsfilet, Konserve 80
Heringsfilet in Tomatensauce, Konserve 80
Himbeeren, › Beeren 45, 46
Hirse, gegart 62
Honigmelone 47

I

Ingwer 86

J

Joghurt 67
Joghurt mit Früchten 67
Johannisbeeren, › Beeren 45, 46

K

Käsespätzle 54
Kalbsbrust, gefüllt 72
Kardamom 82
Kartoffelgratin 51
Kartoffelklöße 51
Kartoffelpuffer 51
Kartoffelpüree 51
Kartoffeln, roh 52
Kartoffelsalat 52
Kartoffelsalat mit Brühe (und Speck) 52
Kasseler 72
Kaviar, deutscher 80
Kaviar, Forellen- oder Lachs- 80
Kefir, › Buttermilch 65
Kidneybohnen, Konserve 36
Kirschen, sauer, frisch 48
Kirschen, sauer (aus dem Glas) 48
Kirschen, süß 48
Kiwi 47
Kiwi, überreif 47
Knäckebrot 58
Knoblauchzehe 36
Knollensellerie 36
Knollensellerie, gegart 36
Knuspermüsli 62
Kohlrabi 36
Kohlrabi, gegart 36
Kokosmilch, Konserve 86
Kokosnuss 48
Kokosraspel 83
Kompott, z. B. Apfel 48
Kotelett 72
Kräcker, salzig 88
Kräuterquark 67
Kurkuma 83

L

Lachsfilet, gegart 80
Lachs, geräuchert 80
Lammbraten oder -kotelett 72, 73
Langkornreis, gegart 62
Lauch 36
Lauch, gegart 37
Laugenbrezel, Laugenbrötchen 58
Leber, gebraten 73
Leberkäse 76
Leberwurst, fein 76
Leberwurst, grob 76
Lebkuchen 58
Lebkuchengewürz 83
Linsen, Konserve 37
Linsen, rote, gegart 37
Löffelbiskuits 58

M

Maiskörner, Konserve 37
Maultaschen 54
Mandarine, › Orange 49
Mandarine, Konserve 48
Mandeln, gehobelt 83
Mandeln, ganz 83
Mandeln, gemahlen 83, 84
Mandeln, gestiftelt 84
Mango 48
Mangochutney 86
Mascarpone 67
Matjesfilet 80

Mayonnaise 87
Meerrettich aus dem Glas 87
Mettwurst 76
Miesmuscheln, in der Schale, gegart 81
Miesmuscheln, ausgelöst, gegart 81
Milchreis 62
Mirabelle, › Pflaume 49
Mischbrot 58
Möhren 37
Möhren, gegart 38
Mozzarella 67
Müslimischung, mit Früchten 62, 63
Müslimischung, mit Nüssen 63

N
Naturreis, gegart, › Langkornreis, gegart 62
Nektarine, › Pfirsich 49
Nudelauflauf (fester, mit Eierguss) 54
Nudeln, chinesische Eiernudeln, gegart 54
Nudeln, gefüllte 54
Nudeln, kurze, gegart 54
Nudeln, lange, gegart 55
Nudeln mit Bolognesesauce 55
Nudeln mit Sahnesauce 55
Nudeln mit Tomatensauce 55
Nudelsalat 55
Nuss-Nougat-Creme 88

O
Obstsalat 49
Oliven, ungefüllt 38
Orange 49

P
Parmesan, › Extrahartkäse 66
Paprikaschote 38
Pellkartoffeln 52, 53
Pell- oder Salzkartoffeln (mehlige) 53
Pesto, grün 87
Pesto, rot 87
Petersilie 38, 39
Petersilienwurzel 39
Pfannkuchen 65
Pfeffernüsse, › Amaretti 56
Pfirsich 49
Pflaume 49
Pflaume, getrocknet 49
Pinienkerne 84
Pistazienkerne 84
Pizza, gebacken 89
Polenta, gegart 63
Pumpernickel 58
Putenbraten 73
Putenbrust, geräuchert 73
Putenschnitzel 73
Putengeschnetzeltes 73

Q
Quark 68

R
Radieschen 39
Räucherfisch 81
Rauke (Rucola) 39
Reisnudeln, › Glasnudeln, gegart 61
Rettich 39
Rhabarber 49
Ricotta 68
Rindfleisch, gekocht 73
Rindsroulade 73
Risotto 63
Rösti 53
Roggenbrot 58
Rohkost, verschiedene Arten, gemischt 39
Rosenkohl, gegart 39

Rosinen 49, 50
Rosinenbrötchen, › Blechkuchen 57
Rote Bete 40
Rotkohl 39
Rührei 65
Rührkuchen 59
Rucola 39

S

Sahne, saure 68
Sahne, süße 68
Sahne, süße, geschlagen 68
Salzbrezeln, Salzstangen 59
Salzkartoffeln 53
Sandkuchen, › Rührkuchen 59
Sardellen 81
Sauce bolognese 74, 87
Sauce hollandaise 88
Sauermilchkäse 69
Sauerkraut, roh 39, 40
Schafskäse 69
Schnittkäse, halbfest 69
Schmelzkäse 69
Schnittlauch 40
Schnitzel, natur, gebraten 74
Schnitzel, paniert 74
Schokoladeneis 89
Schokoladenpudding 69
Vanillepudding, › Schokoladenpudding 69
Schokoladenweihnachtsmänner oder -osterhasen 89
Schwarzbrot, › Pumpernickel 58
Semmelbrösel 59
Semmelknödel 63
Sesamsaat 84
Senf 87
Sonnenblumenkerne 84
Spätzle 55
Spargel, gegart 40
Speck, in Scheiben 78
Speckwürfel 78
Spekulatius 59
Spinat, roh 40
Spinat, TK-Rahmspinat (gefroren) 41
Sprossen 41
Stachelbeeren, › Beeren 45, 46
Staudensellerie 41
Staudensellerie, gegart 41
Steak, gebraten oder gegrillt 74
Sülze, in Scheiben 78

T

Taco-Chips, › Chips 88
Thunfisch, naturell 81
Tintenfischringe, natur 81
Tintenfischringe, paniert 82
Toastbrot 59, 60
Tomaten, roh 41
Tomatenketchup 88
Tomaten mit Mozzarella 41
Tomatensauce 42, 88
Tortelett aus Mürbeteig 60
Trockenobst 50
Trocken- und Backobst 85

V

Vanilleeis 89
Vanilleschote 85
Vollkornbrot 60

W

Walnusskerne 85
Wassermelone 50
Weichkäse mit Rotflora 69
Weichkäse mit Weißflora 69

Weintrauben 50
Weißbrot 60
Weißkohl, gegart 42
Weißkohlsalat 42
Weizenkeime, Weizenkleie 63
Wiener Würstchen 78
Wildfleisch, gegart 74
Wildgeflügel, gebraten 75
Wirsing, gegart 42

Z

Ziegenfrischkäse 70
Ziegenkäse, › Schnittkäse, halbfest 70
Ziegenmilch 70
Zimtstangen 85
Zitrone 50
Zitroneneis 89
Zucchini 42
Zucchini, gegart 43
Zuckerschoten, gegart 43
Zwieback 60
Zwiebeln, Frühlings- 35

Rezeptregister

Müslis, Snacks und belegte Brote

Single-Müsli 93
Heidelbeer-Bananen-Müsli 93
Bircher Müsli 94
Pikante Mandeln 95
Geröstete Walnüsse mit Zimt und Cayennepfeffer 96
Schafskäse-Brötchen 96
Traubensandwich 97
Gratinierte Brote à la bolognese 98
Pilztoast 98
Crostini mit Sardellen und Tomaten 99

Salate und Vorspeisen

Fruchtiger Rote-Bete-Salat 101
Kartoffel-Gemüse-Salat 102
Blattsalat mit Mais und Putenbrust 103
Schneller Linsensalat 104
Gefüllte Birne 105
Marinierte Champignons 106
Kleine Gemüsesülze 107

Saucen, Dips und Brotaufstriche

Joghurt-Kräuter-Sauce 109
Tomatendip 109
Salatsauce mit Blauschimmelkäse 110
Bananen-Kokos-Sauce 110
Eiersauce 111
Käsecreme 112
Möhrensauce 113
Paprikasauce 114
Ajvar 115
Grundrezept Pesto 116
Pflaumensauce 117
Linsen-Aufstrich 118
Schinken-Aufstrich 118
Apfel-Meerrettich-Aufstrich 119
Forellenpüree 120
Möhren-Kräuterquark-Aufstrich 121

Suppen und Eintopfgerichte

Tomaten-Brot-Suppe 123
Suppe mit Semmelbrösel-Klößchen 124
Gazpacho 125
Erbsen-Zitronen-Suppe 126
Sommerliche Melonensuppe mit Garnelen 127
Minestrone 128
Kartoffel-Gemüse-Suppe 130
Buntes Curry-Gemüse-Geschnetzeltes 131
Kartoffeln und Gemüse in Béchamelsauce 132
Kartoffelgulasch 133
Chili con carne 134

Pfannengerichte

Kartoffel-Fleisch-Pfanne 137
Rindfleisch-Rosenkohl-Pfanne 138
Bunte Fischstäbchen 139
Nudel-Frittata 140
Pasta mit Räucherlachs 141
Grüner Risotto 142
Asia-Rollen mit Glasnudel-Nuss-Füllung 143
Reisbällchen 144
Bunte Tortilla 145
Kartoffel-Gemüse-Küchlein 146
Kartoffelplätzchen 147

Ofengerichte

Hähnchen-Drumsticks mit Tomaten-Avocado-Mais-Salat 149
Paprika mit würziger Fischfüllung 149
Lachsfilet mit Walnusskruste 152
Kartoffel-Mix 153
Chinakohl-Auflauf 154
Bunter Nudelauflauf 156
Feuriger Nudelauflauf 157
Bunte Restepizza 158
Bunte Restequiche 160
Gratinierte Tomaten mit Rosmarin-Walnuss-Pesto 162

Mixgetränke

Ananas-Soja-Drink 164
Sommerlicher Frucht-Kokos-Drink 164
Minz-Joghurt-Drink 165
Orangen-Bananen-Drink 166
Kiwi-Kefir-Drink 166
Mango-Multivitamindrink 167

Desserts

Arme Ritter 169
Croissantauflauf 170
Milchreisauflauf 171
Schichtdessert schwarz-rot-weiß 172
Rote Grütze 173
Amarettocreme 174
Schnelles Bananen-Eis 174
Obst-Crumble 175

Konfekt und Gebäck

Exotische Fruchtriegel mit Kokos 177
Knusprige Schokohäufchen 178
Bananen-Muffins 179
Käseschnecken 180
Kartoffelbrot 181

Rezeptregister, alphabetisch

A

Ajvar 115
Amarettocreme 174
Ananas-Soja-Drink 164
Apfel-Meerrettich-Aufstrich 119
Arme Ritter 169
Asia-Rollen mit Glasnudel-Nuss-Füllung 143
Auflauf, Bunter Nudel~ 156
Auflauf, Chinakohl-~ 154
Auflauf, Croissant~ 170
Auflauf, Feuriger Nudel~ 157
Auflauf, Milchreis~ 171
Aufstrich, Apfel-Meerrettich-~ 119
Aufstrich, Linsen-~ 118
Aufstrich, Möhren-Kräuterquark-~ 121
Aufstrich, Schinken-~ 119
Avocado, Hähnchen-Drumsticks mit Tomaten-~-Mais-Salat 149

B

Bananen, Heidelbeer-~-Müsli 93
Bananen, Orangen-~-Drink 166
Bananen, Schnelles ~-Eis 174
Bananen-Kokos-Sauce 110
Bananen-Muffins 179
Béchamelsauce, Kartoffeln und Gemüse in ~ 132
Bircher Müsli 94
Birne, Gefüllte 105
Blattsalat mit Mais und Putenbrust 103
Blauschimmelkäse, Salatsauce mit ~ 110
Brot, Kartoffel~ 181
Brot, Tomaten-~Suppe 123
Brötchen, Schafskäse-~ 96
Brote, Gratinierte ~ à la bolognese 98
Bunte Fischstäbchen 139
Bunte Restepizza 158
Bunte Restequiche 160
Bunte Tortilla 145
Bunter Nudelauflauf 156
Buntes Curry-Gemüse-Geschnetzeltes 131

C

Champignons, Marinierte 106
Chili con carne 134
Chinakohl-Auflauf 154
Creme, Amaretto~ 174
Creme, Käse~ 112
Croissantauflauf 170
Crostini mit Sardellen und Tomaten 99
Crumble, Obst-~ 175

D

Dessert, Schicht~ schwarz-rot-weiß 172
Dip, Tomaten~ 109
Drink, Ananas-Soja-~ 164
Drink, Kiwi-Kefir-~ 166
Drink, Mango-Multivitamin-~ 167
Drink, Minz-Joghurt-~ 165
Drink, Orangen-Bananen-~ 166
Drink, Sommerlicher Frucht-Kokos-~ 164

E

Eiersauce 111
Eis, Schnelles Bananen-~ 174
Erbsen-Zitronen-Suppe 126
Exotische Fruchtriegel mit Kokos 177

F

Feuriger Nudelauflauf 157
Fisch, Paprika mit würziger ~füllung 149

Fischstäbchen, Bunte ~ 139
Fleisch, Kartoffel-~-Pfanne 137
Forellenpüree 120
Frucht, Sommerlicher ~-Kokos-Drink 164
Fruchtiger Rote-Bete-Salat 101
Fruchtriegel, Exotische ~ mit Kokos 177

G

Garnelen, Sommerliche Melonensuppe mit ~ 127
Gazpacho 125
Gefüllte Birne 105
Gemüse, Buntes Curry-~-Geschnetzeltes 131
Gemüse, Kartoffel-~-Küchlein 146
Gemüse, Kartoffel-~-Salat 102
Gemüse, Kartoffel-~-Suppe 130
Gemüse, Kartoffeln und ~ in Béchamelsauce 132
Gemüsesülze, Kleine ~ 107
Geröstete Walnüsse mit Zimt und Cayennepfeffer 96
Geschnetzeltes, Buntes Curry-Gemüse-~ 131
Glasnudel, Asia-Rollen mit ~-Nuss-Füllung 143
Gratinierte Brote à la bolognese 98
Gratinierte Tomaten mit Rosmarin-Walnuss-Pesto 162
Grundrezept Pesto 116
Grüner Risotto 142
Gulasch, Kartoffel~ 133

H

Hähnchen-Drumsticks mit Tomaten-Avocado-Mais-Salat 149
Heidelbeer-Bananen-Müsli 93

J

Joghurt, Minz-~-Drink 165
Joghurt-Kräuter-Sauce 109

K

Kartoffelbrot 181
Kartoffel-Fleisch-Pfanne 137
Kartoffel-Gemüse-Küchlein 146
Kartoffel-Gemüse-Salat 102
Kartoffel-Gemüse-Suppe 130
Kartoffelgulasch 133
Kartoffel-Mix 153
Kartoffeln und Gemüse in Béchamelsauce 132
Kartoffelplätzchen 147
Käsecreme 112
Käseschnecken 180
Kefir, Kiwi-~-Drink 166
Kiwi-Kefir-Drink 166
Kleine Gemüsesülze 107
Klößchen, Suppe mit Semmelbrösel-~ 124
Knusprige Schokohäufchen 178
Kokos, Bananen-~-Sauce 110
Kokos, Exotische Fruchtriegel mit ~ 177
Kokos, Sommerlicher Frucht-~-Drink 164
Kräuter, Joghurt-~-Sauce 109
Kräuter, Möhren-~quark-Aufstrich 121

L

Lachsfilet mit Walnusskruste 152
Linsen, Schneller ~salat 104
Linsen-Aufstrich 118

M

Mais, Blattsalat mit ~ und Putenbrust 103
Mais, Hähnchen-Drumsticks mit Tomaten-Avocado-~-Salat 149
Mandeln, Pikante 95
Mango-Multivitamindrink 167
Marinierte Champignons 106
Meerrettich, Apfel-~-Aufstrich 119
Melonen, Sommerliche ~suppe mit Garnelen 127

Milchreisauflauf 171
Minestrone 128
Minz-Joghurt-Drink 165
Möhren-Kräuterquark-Aufstrich 121
Möhrensauce 113
Muffins, Bananen-~ 179
Müsli, Bircher ~ 94
Müsli, Heidelbeer-Bananen-~ 93
Müsli, Single-~ 93

N

Nudel, Bunter ~auflauf 156
Nudel, Feuriger ~auflauf 157
Nudel-Frittata 140

O

Obst-Crumble 175
Orangen-Bananen-Drink 166

P

Paprika mit würziger Fischfüllung 151
Paprikasauce 114
Pasta mit Räucherlachs 141
Pesto, Grundrezept 116
Pflaumensauce 117
Pikante Mandeln 95
Pilztoast 98
Pizza, Bunte Reste~ 158
Püree, Forellen~ 120
Putenbrust, Blattsalat mit Mais und ~ 103

Q

Quark, Möhren-Kräuter~-Aufstrich 121
Quiche, Bunte Reste~ 160

R

Räucherlachs, Pasta mit ~ 141
Reisbällchen 144
Rindfleisch-Rosenkohl-Pfanne 138
Risotto, Grüner ~ 142
Rosenkohl, Rindfleisch-~-Pfanne 138
Rote Bete, Fruchtiger ~-Salat 101
Rote Grütze 173

S

Salat, Fruchtiger Rote-Bete-~ 101
Salat, Hähnchen-Drumsticks mit Tomaten-Avocado-Mais-~ 149
Salat, Kartoffel-Gemüse-~ 102
Salat, Schneller Linsen~ 104
Salatsauce mit Blauschimmelkäse 110
Sandwich, Trauben~ 97
Sardellen, Crostini mit ~ und Tomaten 99
Sauce, Bananen-Kokos-~ 110
Sauce, Eier~ 111
Sauce, Joghurt-Kräuter-~ 109
Sauce, Möhren~ 113
Sauce, Paprika~ 114
Sauce, Pflaumen~ 117
Sauce, Salat~ mit Blauschimmelkäse 110
Schafskäse-Brötchen 96
Schichtdessert schwarz-rot-weiß 172
Schinken-Aufstrich 118
Schneller Linsensalat 104
Schnelles Bananen-Eis 174
Semmelbrösel, Suppe mit ~-Klößchen 124
Single-Müsli 93
Soja, Ananas-~-Drink 164
Sommerliche Melonensuppe mit Garnelen 127
Sommerlicher Frucht-Kokos-Drink 164
Sülze, Kleine Gemüse~ 107
Suppe mit Semmelbrösel-Klößchen 124
Suppe, Erbsen-Zitronen-~ 126
Suppe, Kartoffel-Gemüse-~ 130
Suppe, Sommerliche Melonen~ mit Garnelen 127
Suppe, Tomaten-Brot~ 123

T

Toast, Pilz~ 98
Tomaten, Crostini mit Sardellen und ~ 99
Tomaten, Gratinierte ~ mit Rosmarin-Walnuss-Pesto 162
Tomaten, Hähnchen-Drumsticks mit ~-Avocado-Mais-Salat 149
Tomaten-Brot-Suppe 123
Tomatendip 109
Tortilla, Bunte ~ 145
Traubensandwich 97

W

Walnuss, Asia-Rollen mit Glasnudel-Nuss-Füllung 143
Walnuss, Gratinierte Tomaten mit Rosmarin-~-Pesto 162
Walnuss, Lachsfilet mit ~kruste 152
Walnüsse, Geröstete ~ mit Zimt und Cayennepfeffer 96

Adressen

Verbraucherzentralen

Verbraucherzentrale Baden-Württemberg e. V.
Paulinenstraße 47
70178 Stuttgart
Telefon: 0 18 05/50 59 99 (0,14 €/min., Mobilfunkpreis maximal 0,42 €/min.)
Fax: 07 11/66 91-50
www.vz-bawue.de

Verbraucherzentrale Bayern e. V.
Mozartstraße 9
80336 München
Telefon: 0 89/5 39 87-0
Fax: 0 89/53 75 53
www.verbraucherzentrale-bayern.de

Verbraucherzentrale Berlin e. V.
Hardenbergplatz 2
10623 Berlin
Telefon: 0 30/2 14 85-0
Fax: 0 30/2 11 72 01
www.vz-berlin.de

Verbraucherzentrale Brandenburg e. V.
Templiner Straße 21
14473 Potsdam
Telefon: 03 31/2 98 71-0
Fax: 03 31/2 98 71-77
www.vzb.de

Verbraucherzentrale des Landes Bremen e. V.
Altenweg 4
28195 Bremen
Telefon: 04 21/1 60 77-7
Fax: 04 21/1 60 77 80
www.verbraucherzentrale-bremen.de

Verbraucherzentrale Hamburg e. V.
Kirchenallee 22
20099 Hamburg
Telefon: 0 40/2 48 32-0
Fax: 0 40/2 48 32-290
www.vzhh.de

Verbraucherzentrale Hessen e. V.
Große Friedberger Straße 13–17
60313 Frankfurt/Main
Telefon: 0 18 05/97 20 10 (0,14 €/min., Mobilfunkpreis maximal 0,42 €/min.)
Fax: 0 69/97 20 10-40
www.verbraucherzentrale-hessen.de

Verbraucherzentrale Mecklenburg-Vorpommern e. V
Strandstraße 98
18055 Rostock
Telefon: 03 81/2 08 70 50
Fax: 03 81/2 08 70 30
www.nvzmv.de

Verbraucherzentrale Niedersachsen e. V.
Herrenstraße 14
30159 Hannover
Telefon: 05 11/ 9 11 96-0
Fax: 05 11/9 11 96-10
www.verbraucherzentrale-niedersachsen.de

Verbraucherzentrale Nordrhein-Westfalen e. V.
Mintropstraße 27
40215 Düsseldorf
Telefon: 02 11/38 09-0
Fax: 02 11/38 09-216
www.vz-nrw.de

Verbraucherzentrale Rheinland-Pfalz e. V.
Seppel-Glückert-Passage 10
55116 Mainz
Telefon: 0 61 31/28 48-0
Fax: 0 61 31/28 48-66
www.verbraucherzentrale-rlp.de

Verbraucherzentrale des Saarlandes e. V.
Trierer Straße 22
66111 Saarbrücken
Telefon: 06 81/5 00 89-0
Fax: 06 81/5 00 89-22
www.vz-saar.de

Verbraucherzentrale Sachsen e. V.
Katharinenstraße 17
04109 Leipzig
Telefon: 03 41/69 62 90
Fax: 03 41/6 89 28 26
www.verbraucherzentrale-sachsen.de

Verbraucherzentrale Sachsen-Anhalt e. V.
Steinbockgasse 1
06108 Halle
Telefon: 03 45/2 98 03-29
Fax: 03 45/2 98 03-26
www.vzsa.de

Verbraucherzentrale Schleswig-Holstein e. V.
Andreas-Gayk-Straße 15
24103 Kiel
Telefon: 04 31/5 90 99-0
Fax: 04 31/5 90 99-77
www.verbraucherzentrale-sh.de

Verbraucherzentrale Thüringen e. V.
Eugen-Richter-Straße 45
99085 Erfurt
Telefon: 03 61/5 55 14-0
Fax: 03 61/5 55 14-40
www.vzth.de

Verbraucherzentrale Bundesverband e. V.
Markgrafenstraße 66
10969 Berlin
Telefon: 0 30/2 58 00-0
Fax: 0 30/2 58 00-218

Stiftung Warentest
Postfach 30 41 41
10724 Berlin
Telefon: 0 30/26 31-0
Fax: 0 30/26 31 27 27
www.test.de

Impressum

Herausgeber

Verbraucherzentrale Nordrhein-Westfalen e. V.
Mintropstraße 27, 40215 Düsseldorf
Telefon: 02 11/38 09-555, Telefax: 02 11/38 09-235
ratgeber@vz-nrw.de
www.vz-nrw.de

Mitherausgeber

Verbraucherzentrale Bundesverband e. V.
Markgrafenstraße 66, 10969 Berlin
Telefon: 0 30/2 58 00-0, Telefax: 0 30/2 58 00-518
www.vzbv.de

Verbraucherzentrale Hamburg e. V.
Kirchenallee 22, 20099 Hamburg
Telefon: 0 40/2 48 32-0, Telefax: 0 40/2 48 32-2 90
www.vzhh.de

Verbraucherzentrale Niedersachsen e. V.
Herrenstraße 14, 30159 Hannover
Telefon: 05 11/9 11 96-0, Telefax: 05 11/9 11 96-10
www.vzniedersachsen.de

Text	Claudia Boss-Teichmann
Fachliche Betreuung	Ursula Plitzko
Koordination + Lektorat	Ilse Mara Berzins, Kathrin Nick
Kolektorat	Dr. Mechthilde Vahsen, Doreen Köstler
Layout und Produktion	Ute Lübbeke, www.LNT-design.de
Titelbild	StockFood / Schindler, Martina
Bildnachweis	California Walnut Commission S. 9, 148; fotolia S. 136, 168 Getty Images 182 istockphoto S. 100, 108, 122, 211 Peter Kölln, Köllnflockenwerke S. 90/91, 92, 163, 176 StockFood S. 30/31 Freigestellte Fotos: fotolia; istockphoto
Druck	Stürtz GmbH, Würzburg Gedruckt auf 100 % Recyclingpapier

Redaktionsschluss: September 2012

verbraucherzentrale

Noch Fragen?
Die Beratung der Verbraucherzentralen

Unser Plus für Sie!

Hoffentlich haben Ihnen die Informationen in diesem Ratgeber weitergeholfen. Wenn Sie noch Fragen haben ... Die Expertinnen und Experten der Verbraucherzentrale beraten Sie individuell, kompetent und unabhängig:

- **in Ihrer Beratungsstelle vor Ort,**
- **am Telefon oder**
- **im Internet**

! Wir beraten zum Beispiel zu:

- **Banken und Geldanlagen**
- **Baufinanzierung**
- **Energie**
- **Ernährung**
- **Haushalt, Freizeit, Telekommunikation**
- **Kreditrecht, Schuldner- und Insolvenzverfahren**
- **Patientenrechte und Gesundheitsdienstleistungen**
- **Reiserecht**
- **Versicherungen**

www.

Unter www.verbraucherzentrale.de finden Sie das vollständige Beratungsangebot in Ihrem Bundesland.

Oder Sie nehmen direkt Kontakt mit Ihrer Verbraucherzentrale auf: Die Adressen finden Sie auf Seite 228 f.

Nutzen Sie unser Beratungsangebot und treffen Sie mit unserer Unterstützung die richtigen Entscheidungen.
Wir sind für Sie da!

Hier können wir Ihnen nur eine kleine Auswahl aus unserem umfangreichen Ratgeberprogramm vorstellen. Mehr als 100 aktuelle Titel halten wir für Sie bereit. Auf Wunsch senden wir Ihnen gern eine Gesamtverzeichnis zu. Zu den genannten Preisen (Stand: September 2012) kommen noch Porto und Versandkosten.

Gewicht im Griff |1|

Sind Sie unzufrieden mit Ihrem Gewicht? Suchen Sie einen alltagstauglichen Weg, wie Sie ohne Essverdruss Pfunde verlieren können? Dieser Ratgeber hilft Ihnen Schritt für Schritt, sich Ihren Wunsch nach einem erreichbaren und haltbaren Wohlfühlgewicht selbst zu erfüllen. Praxisbewährt durch die Ernährungskurse der Verbraucherzentrale.

14. Auflage 2011, 256 Seiten, 12,90 €

Schlank bleiben |2|

Sie haben Ihr Wohlfühlgewicht und wollen es auf Dauer halten? In unserer Fortsetzung zu „Gewicht im Griff" werden die neuen Essgewohnheiten weiter im Alltag verankert. Ein weiterer Schwerpunkt liegt auf dem Thema Bewegung. Mit Extra-Tipps für Frauen und Männer, Ältere, Schwangere, Mütter und ihre Kinder sowie beruflich stark Beanspruchte.

1. Auflage 2011, 248 Seiten, 12,90 €

Fix Food |3|

Zeitnot hält Sie vom Kochen ab und Sie greifen öfter als Ihnen lieb ist zu Fertigprodukten? Dieser Ratgeber schafft Abhilfe. Er zeigt, wie Sie mit wenig Zeit und mit frischen Zutaten fantasievoll Leckeres auf den Tisch zaubern. Über 250 Rezepte bieten Schmackhaftes von Mandarinen-Frischkäse-Müsli über Gemüsecouscous bis hin zu Erdbeer-Vanillecreme.

1. Auflage 2012, 208 Seiten, 9,90 €

Bärenstarke Kinderkost |4|

Sie wollen gemeinsam mit Ihren Kindern Essen zubereiten und genießen? Dann muss es einfach, lecker und gesund sein. Wir geben Ihnen viele Tipps für Küche und Einkauf rund um die praktische Kinderernährung ab dem 2. Lebensjahr. Mit vielen Rezepten für die ganze Familie.

12. Auflage 2011, 240 Seiten, 9,90 €

Mahlzeit, Kinder! |5|

Der Ratgeber für eilige Eltern: Mit Tipps für die Planung, den Einkauf, die Küche, den Kindergarten und die Schule. Denn ein gutes Essen macht Kinder nicht nur fröhlich, sondern steigert auch ihre Leistungsfähigkeit in der Schule. Liebevoll illustriert von Wolf Erlbruch.

4. Auflage 2010, 224 Seiten, 9,90 €

Gesunde Ernährung von Anfang an |5|

Eltern haben viele Fragen, wenn ihr Baby auf die Welt kommt. Dieser Ratgeber hilft, Unsicherheiten in Hinblick auf die richtige Ernährung abzubauen, Werbeaussagen kritisch zu hinterfragen und den unübersichtlichen Angebotsdschungel durchschaubar zu machen. So erhält Ihr Baby einen gesunden Start ins Leben!

18. Auflage 2012, 88 Seiten, 5,90 €